C.H.BECK  WISSEN

in der Beck'schen Reihe

Der Faschismus im 20. Jahrhundert hat seinen Ursprung in Italien. So gut wie alle faschistischen Bewegungen in Europa, einschließlich des Nationalsozialismus, orientierten sich an ihm und seinem ‹Duce› Benito Mussolini. Aufstieg, Herrschaft und Ende des Faschismus werden in diesem Band von dem wohl besten deutschen Kenner eindringlich und auf dem neuesten Forschungsstand beschrieben. Wolfgang Schieder schildert das politische Regime und den Polizeistaat des Faschismus, die ‹charismatische› Herrschaft Mussolinis und ihre Grenzen, und er fragt auch nach dem Ort des Faschismus in der kollektiven Erinnerung der Italiener.

Wolfgang Schieder war bis zu seiner Emeritierung Professor für Neuere und Neueste Geschichte an der Universität zu Köln. Er hat zahlreiche Studien zur Geschichte des Faschismus und des Nationalsozialismus vorgelegt.

Wolfgang Schieder

DER ITALIENISCHE FASCHISMUS 1919–1945

Verlag C.H.Beck

Originalausgabe
© Verlag C.H.Beck oHG, München 2010
Satz: Fotosatz Reinhard Amann, Aichstetten
Druck: Druckerei C.H.Beck, Nördlingen
Umschlagabbildung: Alfredo Ambrosi, Mussolini vor einer
Ansicht von Rom, 1930, Privatsammlung. © akg-images
Umschlagentwurf: Uwe Göbel, München
Printed in Germany
ISBN 978 3 406 60766 0

www.beck.de

Inhalt

I. Der italienische Faschismus in historischer Perspektive

Es gibt viele Sonderwege in der Geschichte. Einen davon haben die Italiener beschritten, als sie Anfang des 20. Jahrhunderts den Faschismus hervorbrachten. Auch wer überzeugt ist, daß der Faschismus im 20. Jahrhundert eine gesamteuropäische Bewegung war, muß davon ausgehen, daß diese ihren Ursprung in Italien hatte. So gut wie alle faschistischen Bewegungen in Europa, einschließlich des Nationalsozialismus, orientierten sich bei ihrer Entstehung am italienischen Faschismus, nur dieser hatte kein Vorbild, sondern stellte ein historisches Novum dar. Sich mit dem italienischen Faschismus zu beschäftigen, bedeutet daher, diesen aus sich heraus als ein Ergebnis der Geschichte des italienischen Nationalstaats zu verstehen. Seine europäische Dimension ergibt sich nicht aus seiner Entstehungs-, sondern aus seiner Wirkungsgeschichte.

Der italienische Faschismus kann nicht einfach als ein starres politisches System dargestellt werden, er hatte vielmehr eine Geschichte, im Laufe derer er mehrfach seine Form veränderte. Aufstieg, Herrschaft und Ende des Faschismus müssen als ein historischer Prozeß verstanden werden, in dem mehrere Phasen deutlich voneinander unterschieden werden können. Die Entstehungsgeschichte des Faschismus von 1919 bis 1922 kann zunächst als Phase der ‹Bewegung› bezeichnet werden. Sie ging mit dem ‹Marsch auf Rom› am 28.10.1922 zuende, durch den der Faschismus an die Regierung kam. Die Zeit von 1922 bis 1929 kann als entscheidende Übergangsphase angesehen werden, in der sich der Faschismus zur Diktatur entwickelte. Von 1929 bis 1943 reichte schließlich die eigentliche Diktaturphase des Faschismus, in der dieser sich als ein Regime besonderer Art darstellte. Dieses vom Verfasser schon vor längerer Zeit vorgeschlagene Verlaufsschema läßt sich in Anlehnung an Robert Paxton

um eine Vorgeschichte und um einen faschistischen Epilog von
1943 bis 1945 erweitern, womit sich für die Geschichte des Faschismus in Italien insgesamt fünf Phasen ergeben.

Die Darstellung der Vorgeschichte des Faschismus soll verständlich machen, weshalb sich diese historisch neuartige Bewegung gerade in Italien herausgebildet hat. Es geht nicht darum,
hier eine historische Zwangsläufigkeit zu unterstellen, wohl aber
ist nach den Bedingungen der Möglichkeit zu fragen, weshalb
sich gerade in Italien ein spezifisches Diktatursystem herausbil-
den konnte, das bis dahin in Europa nicht seinesgleichen hatte.

Wenn die Konstituierungsphase des Faschismus als Phase der
‹Bewegung› bezeichnet wird, so entspricht das dem faschistischen Selbstverständnis. Der Faschismus verstand sich in seinem
Ursprung als ‹Bewegung›, nicht als ‹Partei›. Das bedeutete im
wesentlichen dreierlei: Erstens lehnte er es ab, sich einem büro-
kratischen Apparat unter einer womöglich oligarchischen Führung zu unterwerfen, er wähnte sich vielmehr in einem Zustand
permanenter Mobilisierung. Auf diese Weise stilisierte er sich
zur Antipartei gegenüber allen anderen Parteien. Zum zweiten
war die faschistische Bewegung ursprünglich nicht programm-
gesteuert, im Vordergrund stand immer die ‹Aktion›. Wie wohl
keine andere politische Bewegung des zwanzigsten Jahrhunderts
war der Faschismus praxisorientiert. Diese Praxis war immer ge-
walttätig, der Faschismus wollte seine politischen Gegner nicht
überzeugen, sondern vernichten. Das soll nicht heißen, daß ideologische Elemente keine Rolle spielten, aber die Ideologie war
immer nachgelagert. Drittens schließlich hatte der Faschismus
als Bewegung einen paramilitärischen Charakter, er verstand
sich in erster Linie als eine Bürgerkriegsbewegung. Die militanten faschistischen Kampfgruppen (Squadre d'azione) stellten bis
zum ‹Marsch auf Rom› den eigentlichen Kern der Bewegung dar,
die politische Organisation trat demgegenüber deutlich zurück.
Auch nach seiner Machtübernahme erhielt der Faschismus diesen paramilitärischen Charakter aufrecht, da er neben der politischen Organisation des Partito Nazionale Fascista (PNF) mit der
Milizia Volontaria per la Sicurezza Nazionale (MVSN) in orga-
nisatorischer Hinsicht einen militärischen Flügel beibehielt.

In der Konsolidierungsphase des Faschismus entschied sich, welches Machtgefüge er als Regime annehmen würde. Im Prinzip gab es drei Entwicklungsmöglichkeiten. Vielen Führern des extremistischen Provinzfaschismus schwebte eine Parteidiktatur vor. Die faschistischen Sympathisanten innerhalb des Bürgertums, die sogenannten Fiancheggiatori, gingen dagegen mehrheitlich davon aus, daß die faschistische Bewegung absorbiert und ein monarchisches Diktaturregime errichtet werden könnte. Benito Mussolini, der den Faschismus an die Macht geführt hatte, dachte dagegen weder an die eine noch die andere Diktaturvariante. Er verfolgte vielmehr die politische Doppelstrategie, eine persönliche Führerdiktatur zu errichten, die sich sowohl auf die faschistische Massenpartei als auch auf die nationalmonarchischen Eliten innerhalb des Bürgertums stützte, die seine Machtergreifung unterstützt hatten. Er hat diesen eigentümlichen Herrschaftskompromiß seit 1922 zielstrebig verfolgt und seit seinem Staatsstreich vom 3.1.1925 schrittweise durchsetzen können.

Die lange Regimephase des Faschismus zeichnete sich dadurch aus, daß Mussolini eine Art von Vermittlungsdiktatur ausüben konnte, mit der er sich sowohl über die Partei als auch die monarchisch orientierten faschistischen Sympathisanten stellte und als ‹Duce del fascismo› für beide Seiten unentbehrlich machte. Diese Diktatur war nicht bürokratisch vermittelt, schon gar nicht lag ihr eine klare institutionelle Regelung zugrunde. In Anlehnung an Max Weber kann man Mussolinis persönliche Diktaturausübung deshalb durchaus als ‹charismatische Herrschaft› bezeichnen.

Mussolinis Herrschaft baute auf persönlicher Loyalität auf, nicht auf sachlicher Zuständigkeit und fachlicher Kompetenz. Sie wurde durch einen Personenkult abgesichert, der die Beherrschten zu blinder Unterwerfung bringen sollte. Max Weber spricht in diesem Zusammenhang von «charismatischer Gefolgschaft», die auf der direkten Konfrontation mit dem ‹Führer› beruhte, sei es in medialer Vermittlung oder sei es in persönlicher Begegnung. Mussolinis zahllose öffentliche Auftritte in organisierten Massenversammlungen finden hier ebenso ihre Erklärung wie die internen Audienzen, bei denen seine Entourage fast täglich bei ihm vorsprechen mußte. Als charismatischer Führer erschien Mussolini bei diesen Gelegenheiten stets als Repräsentation seiner selbst.

Mussolinis Führerautorität war jedoch nicht nur ein Ergebnis einer geschickten Performance, sie war vielmehr in hohem Maße erfolgsabhängig. Solange Mussolini politische Erfolge, die er vor allem in imperialistischer Gewaltpolitik suchte, vorweisen konnte, war ihm die Zustimmung der Italiener sicher. Der Massenkonsens ging zurück, als die vermeintlichen Erfolge ausblieben und die sich häufenden militärischen Niederlagen im Krieg den Glauben an den unfehlbaren ‹Duce› dahinschwinden ließen.

Schließlich ist davor zu warnen, das idealtypische Konstrukt ‹charismatischer Führerherrschaft› mit der historischen Realität zu verwechseln. Zunächst einmal ergab sich der Massenkonsens mit dem Faschismus nicht allein aus dem Dialog des ‹Duce› mit der ‹Masse›. Es handelte sich nicht um spontane Begegnungen, sondern durchweg um sorgfältig geplante Inszenierungen. Der Kult um den allgegenwärtigen ‹Duce› wurde von einer gewaltigen Propagandamaschine organisiert und in Gang gehalten. Ebenso wichtig war, daß die propagandistisch zur Schau gestellte Harmonie zwischen ‹Führer› und ‹Gefolgschaft› eine repressive Grundlage hatte. Die Führerherrschaft des ‹Duce› beruhte auf politischer Einschüchterung, polizeilicher Überwachung und unerbittlicher Verfolgung jedes abweichenden Verhaltens. Der charismatische Führerstaat des Faschismus war ein Polizeistaat, was niemand stärker bewußt war als Mussolini selbst. «Konsens» und «Gewalt» waren für ihn zwei Seiten ein und derselben Medaille. Kurz und bündig formulierte er dies am 7.3.1923 in einer seiner ersten Reden als Ministerpräsident: «Wenn der Konsens fehlt, gibt es die Gewalt» (quando mancasse il consenso, c'è la forza).

Mit dem Sturz Mussolinis am 25.7.1943 ging das monarchisch-faschistische Regime zu Ende. Der ‹Duce› konnte jedoch in Oberitalien im Auftrag der deutschen Besatzungsmacht nochmals ein Kollaborationsregime ausüben, das sich vom monarchisch-faschistischen System durch seinen republikanischen Charakter unterschied. Mussolini hatte in diesem republikanisch-faschistischen Regime keine Rücksicht mehr auf Koalitionspartner zu nehmen, um so mehr war er abhängig von den Deutschen. Die von ihm gegründete Repubblica Sociale Italiana (RSI) war ein deutscher Satellitenstaat.

II. Entstehungsbedingungen des Faschismus

Die europäische Zwischenkriegszeit von 1919 bis 1939 war eine Zeit des politischen Umbruchs. In zahlreichen europäischen Staaten gerieten parlamentarisch-demokratische Regierungssysteme in die Krise und wurden durch rechtsorientierte Diktaturregime ersetzt. Je nach historischer Tradition und politischer Ausgangslage handelte es sich dabei um Königsdiktaturen, Präsidialdiktaturen oder Militärdiktaturen. Für alle, so sehr sie sich im einzelnen voneinander unterschieden, war charakteristisch, daß sie ausschließlich von den traditionellen Eliten des Landes (Monarchie, Militär, Beamtenschaft, Kirchen) herbeigeführt worden waren und sich auf keine genuine Massenbewegung stützten. In Italien kam es dagegen durch den Faschismus zur Bildung eines Diktaturregimes eigener Art, bei dem eine rechtsextremistische Massenbewegung mit national-konservativen Gruppierungen zusammenging. Man kann diese widersprüchliche Regimebildung nur damit erklären, daß Italien infolge des Ersten Weltkrieges einer dreifachen gesellschaftlichen Systemkrise ausgesetzt war, wie sie in ähnlicher Form sonst nur noch Deutschland belastet hat. Diese Krisenakkumulation bewirkte sowohl das Entstehen der systemfeindlichen faschistischen Protestbewegung als auch deren politische Machtergreifung mit Hilfe politischer Repräsentanten dieses Systems.

Sie ergab sich aus drei säkularen Entwicklungsprozessen, denen Italien – wie andere europäische Staaten auch – in der Moderne unterworfen war, die aber in diesem Land infolge ihres nahezu gleichzeitigen Auftretens zu einer kumulativen Krise führten. Zum ersten handelte es sich um den Prozeß der nationalen Integration, einerseits im Sinne zwischenstaatlicher Abgrenzung und andererseits im Sinne binnenstaatlicher Nationsbildung. Zweitens ging es um den Prozeß politischer Verfassungsbildung, also um den Weg von der absolutistischen Monarchie zum liberal-demokratischen Verfassungsstaat. Und drittens schließlich stand der Prozeß der Industrialisierung an, durch den sich Italien, zumindest partiell, vom reinen Agrarstaat zum Industriestaat entwickelte. Es war die relative Gleichzeitigkeit von unvollendeter Nationsbildung, ungelösten Verfassungskonflikten und unbewältigten wirtschaftlichen Wachstumskrisen, durch welche die besonderen historischen Rahmenbedingungen für die Entstehung des Faschismus in Italien geschaffen wurden.

Unvollendeter Nationalstaat   Als Nationalstaat gehörte Italien wie Deutschland im europäischen Vergleich zu den Nationen, die erst spät (1861/70) zu staatlicher Einheit gefunden hatten. Die als Wiederauferstehung (Risorgimento) interpretierte Gründung des italienischen Nationalstaats wurde von den bürgerlichen und aristokratischen Herrschaftseliten des Landes als unvollendet angesehen. Die Außenpolitik des Landes war deshalb bis zum Ersten Weltkrieg zwanghaft von der Vorstellung geprägt, außerhalb Italiens die ‹unerlösten› Gebiete einer ‹Irredenta› heimholen zu müssen. Dieser irredentistische Nationalismus wurde so lange politisch abgemildert, wie er liberal unterfüttert war. Um die Jahrhundertwende schlug die national-liberale Ideologie jedoch in einen militanten, imperialistisch aufgeladenen Nationalismus um. Es war dieser neue Nationalismus, der Italien 1911 in den Libyenkrieg und 1915 in den Ersten Weltkrieg führte. Die übersteigerten Hoffnungen der Kriegspartei, die Italien in den Krieg gegen Österreich-Ungarn und Deutschland geführt hatte, wurden 1919/20 auf den Pariser Friedenskonferenzen großenteils erfüllt. Italien konnte mit Trient, Südtirol bis zum Brenner, Görz, Triest und Istrien sowie außerdem noch Rhodos und dem Dodekanes enorme Territorialgewinne verbuchen, es mußte lediglich seine Ansprüche auf Dalmatien und Fiume zurückstellen. Die nationale Identität des Landes war jedoch immer noch so ungefestigt, daß dieser beträchtliche Zuwachs als völlig unzureichend empfunden wurde und sich das Gefühl eines ‹verstümmelten Sieges› (Vittoria mutilata), der italienischen Variante der Dolchstoßlegende, breitmachte.

Parlamentarismus ohne Parteien Bei der Gründung des italienischen Nationalstaats wurde 1861 das 1848 im Königreich Piemont-Sardinien vom Regenten Carlo Alberto erlassene Verfassungsstatut (Statuto Albertino) als konstitutionelle Grundlage übernommen. Der italienische König wurde damit an die Verfassung gebunden, behielt jedoch eine Reihe von monarchischen Vorrechten, zu denen vor allem das Ernennungsrecht des Ministerpräsidenten gehörte. Die liberale Bewegung war in Italien jedoch stark genug, in der Praxis nach kurzer Zeit die parlamentarische Ministerverantwortlichkeit durchzusetzen und die Verfassung auf diese Weise zu einem parlamentarischen Regierungssystem umzuformen. Dieses vergleichsweise moderne Regierungssystem stagnierte jedoch seit Ende des 19. Jahrhunderts in seiner Entwicklung, und zwar aus zwei Gründen. Zum einen war der das Parlament beherrschende Liberalismus nicht in der Lage, organisierte Parteien aufzubauen. Im Parlament standen einander vielmehr bis zur Jahrhundertwende lediglich die beiden großen, nicht klar voneinander abgegrenzten Blöcke der ‹Destra› und der ‹Sinistra› gegenüber, die abwechselnd die Regierung stellten. Das führte schon frühzeitig zu Wahlmanipulationen und parlamentarischer Korruption. In der Ära des Ministerpräsidenten Giovanni Giolitti im ersten Jahrzehnt des 20. Jahrhunderts lösten sich die Parlamentsparteien vollends auf. An ihre Stelle trat die Praxis des sogenannten ‹Trasformismo›, in dem der Ministerpräsident sich die Mehrheiten mit Hilfe eines ausgefeilten Systems klientelistischer Abhängigkeiten jeweils zusammensuchte.

Die zweite Schwäche des italienischen Regierungssystems bestand darin, daß die liberalen Führungsschichten sich oligarchisch abschlossen und das Wahlrecht rigoros beschränkten. In einem Land, in dem noch Ende des 19. Jahrhunderts mehr als die Hälfte der Erwachsenen Analphabeten waren, wollte man sich auf diese Weise vor einem unkalkulierbaren Verhalten der Unterschichten schützen. Seit der Gründung des Partito Socialista Italiano (PSI) im Jahr 1892 stand dahinter jedoch auch die diffuse Angst vor der ‹Revolution›, wie sie in den bürgerlichen Schichten der meisten Länder Europas verbreitet war.

Erst in der Nachkriegskrise von 1919 wurde in Italien das allgemeine Wahlrecht für Männer eingeführt. Bei den ersten nationalen, nach dem Verhältniswahlrecht durchgeführten Wahlen stellten der PSI mit 156 und der neuformierte katholische Partito Popolare Italiano (PPI) mit 100 Abgeordneten zusammen die Mehrheit der insgesamt 508 Parlamentsmitglieder. Nur die restlichen 252 Sitze entfielen noch auf das bürgerliche Lager, das damit weit von einer Mehrheit entfernt war. Zu einer Koalition mit den Sozialisten oder den Katholiken waren die bürgerlichen Gruppen ebenso wenig fähig, wie die beiden Massenparteien, die bisher außerhalb jeder politischen Verantwortung gestanden hatten, miteinander koalieren konnten. Alle großen Lager waren zu politischen Kompromissen unfähig, was auch daran lag, daß sie in sich jeweils gespalten waren. Innerhalb des PSI standen sich Reformisten und potentielle Revolutionäre schon unversöhnlich einander gegenüber, bevor es 1921 zur Abspaltung des Partito Comunista d'Italia (PCI) kam. Der PPI wurde zwar von seinem Generalsekretär Don Sturzo straff geführt, die Partei war jedoch tief in Christliche Demokraten und Konservative gespalten. Und das bürgerliche Lager war ohnehin in zahlreiche personenorientierte Gruppierungen zersplittert. Der Schritt in eine demokratische Zukunft des Landes, der mit den ersten Wahlen nach dem allgemeinen Männerwahlrecht getan schien, führte deshalb nur zu einer Lähmung des liberalen Verfassungssystems.

Organisierter Kapitalismus   Schließlich wurde Italien nach dem Ende des Ersten Weltkrieges in außergewöhnlicher Weise von der Umstellung von der Kriegs- auf die Friedenswirtschaft getroffen. Das hatte zunächst eine weit in die Vergangenheit zu-

rückreichende Ursache. Entgegen den wirtschaftstheoretischen
Grundsätzen des seit der Nationalstaatsgründung politisch vorherrschenden Liberalismus hatte sich die Industrialisierung in
Italien unter ungewöhnlich hoher Beteiligung des Staates vollzogen. Man kann daher in Italien im Sinne von Joseph Schumpeter
durchaus von einem ‹organisierten Kapitalismus› sprechen. Dieses protektionistische System hatte jedoch eine Schieflage: Es
förderte einseitig die Schwerindustrie und benachteiligte die
Produktion von Konsum- und sonstigen Investitionsgütern. Vor
allem aber vernachlässigte es die Landwirtschaft, die besonders
in Süditalien in geradezu archaischen Produktionsbedingungen
verharrte. Das war, wie Rosario Romeo in einer berühmten Auseinandersetzung mit den Thesen des kommunistischen Theoreti-
kers Antonio Gramsci argumentiert hat, insofern unvermeidlich,
als zum Aufbau des Industriesystems nur ein Kapitaltransfer aus
der Landwirtschaft in Frage kam. Da sich der Aufschwung der
Industrie jedoch fast ausschließlich im Städtedreieck (Triangolo)
zwischen Turin, Mailand und Genua vollzog, wurde durch die
Industrialisierung ein für allemal die Rückständigkeit des Sü-
dens (Mezzogiorno) zementiert.

Da der ‹Take-off› des Industrialisierungsprozesses in Italien erst
im ersten Jahrzehnt des 20. Jahrhunderts stattfand, stand Italien
bei Beginn des Ersten Weltkrieges noch eher am Anfang seiner
industriellen Entwicklung. Die einseitige Ausrichtung auf die
Schwerindustrie, den Maschinen- und den Fahrzeugbau sowie
die Energieerzeugung wurde durch den italienischen Kriegseintritt von 1915 extrem forciert. Es kam «zu einem treibhausar-
tigen Aufblühen der rüstungswichtigen Zweige» der Industrie
(Jens Petersen). Mit dem Ilva- und dem von den Brüdern Perrone
geführten Ansaldo-Konzern entstanden große Rüstungsbetriebe,
die jeweils eng mit großen Banken verbunden waren. Das plötz-
liche Kriegsende führte diese Industriegiganten in eine Krise, die
mit dem Zusammenbruch der beiden Komplexe endete. Nur
durch ein rigoroses Eingreifen der Regierung konnte das Schlimm-
ste verhindert werden, stieg jedoch die durch die Kriegsfinanzie-
rung ohnehin schon enorme Staatsverschuldung des Landes ins
Unermeßliche. Vergeblich versuchte Giolitti, der 1921 nochmals

an die Regierung gekommen war, den Staatshaushalt zu sanieren und eine gerechte Verteilung der Kriegsfolgekosten zu erreichen.

Die Leidtragenden waren in erster Linie die Millionen von heimkehrenden Frontsoldaten (Combattenti), denen während des Krieges große Versprechungen gemacht worden waren. Statt persönliche Anerkennung und das versprochene Land oder einen sicheren Arbeitsplatz zu erhalten, gerieten vor allem die ländlichen Halbpächter, Saisonarbeiter und Handlanger, aber auch die ungelernten Arbeiter in den Städten in die Arbeitslosigkeit. In den beiden Jahren nach Kriegsende kam es daraufhin zu einer Serie von Unruhen, in denen sich die Unzufriedenheit der enttäuschten Massen Luft machte. Diese freilich eher ohnmächtigen Protestbewegungen begannen im Frühjahr 1919 mit Hungerrevolten und Landbesetzungen, setzten sich im Januar/Februar 1920 mit Post- und Eisenbahnerstreiks fort und endeten im August/September 1920 mit der Besetzung von Fabriken.

Nationale Unzufriedenheit, parlamentarische Handlungsunfähigkeit und eine wirtschaftliche Konfliktsituation führten nach Kriegsende in Italien zu einer gesamtgesellschaftlichen Krise, wie sie in dieser komprimierten Form sonst in Europa nicht aufgetreten ist. Nur in Deutschland kam es ein Jahrzehnt später aus vergleichbaren Gründen zu einer ähnlichen Situation. Die Krise wurde dadurch dramatisch verschärft, daß der mörderische Erste Weltkrieg bei Millionen Männern eine Gewaltbereitschaft erzeugt hatte, die viele dafür anfällig machte, den Krieg als Bürgerkrieg fortzusetzen. Ohne diese Enthemmung der Gewalt ist die Entstehung des Faschismus nicht zu erklären. Dieser war insofern eine gewalttätige Abwehrreaktion auf die kumulierte Krisensituation Italiens seit dem Ende des Krieges. Es war nicht zwingend, daß das politische System Italiens dieser Belastung nicht standhielt, jedoch wurden die traditionellen Herrschaftseliten des Landes zusätzlich durch die Angst vor dem ‹Bolschewismus› verunsichert. Sie ließen sich daher auf ein Zusammengehen mit der faschistischen Bewegung ein, welche die ‹rote Gefahr› am kompromißlosesten zu bekämpfen versprach. Daß die Faschisten zugleich auch ihre eigene politische Hegemonie bedrohten, begriff man entweder nicht oder glaubte, sie politisch einbinden und auf diese Weise domestizieren zu können. Der Durchbruch des Faschismus war in hohem Maße seiner politischen Unterschätzung geschuldet.

III. Der Faschismus als politische ‹Bewegung› 1919–1922

Benito Mussolini   Die Entstehung des Faschismus ist untrennbar mit der historischen Figur Benito Mussolinis verbunden. Ohne den politischen Willen, aber auch ohne die ideologische Wendigkeit und die persönliche Rücksichtslosigkeit des am 29.7.1883 in dem kleinen Ort Predappio bei Forlì geborenen Romagnolen hätte sich der Faschismus in seiner historischen Form nicht entfalten können.

Mussolinis Weg in die Politik begann in der sozialistischen Arbeiterbewegung. Seit 1910 war er in Forlì Sekretär des Partito Socialista Italiano und Herausgeber der Zeitschrift «La lotta di classe», auf dem Parteikongreß von Reggio Emilia wurde er 1912 zum Chefredakteur der zentralen sozialistischen Parteizeitung «Avanti!» und damit faktisch zum Parteiführer des PSI gewählt. Entgegen seiner revolutionären Attitüde unterstützte er nach Ausbruch des Ersten Weltkrieges zunächst die italienische Neutralitätspolitik. Erst im Oktober 1914 trat er in einer seiner plötzlichen Wendungen von der Chefredaktion des «Avanti!» zurück und schlug sich auf die Seite der nationalistischen Interventisten, die einen Kriegseintritt Italiens auf der Seite der Ententemächte forderten. Es ist nicht bis zum letzten geklärt, wie es ihm gelungen ist, von der Kriegsindustrie, aber auch von der französischen Botschaft in Rom so viel Geld zu erhalten, daß er am 15.11.1914 mit dem «Popolo d'Italia» erstmals die Tageszeitung herausbringen konnte, die bis 1943 sein politisches Kampforgan bleiben sollte. Mussolini profilierte sich mit dieser Zeitung als Wortführer eines nationalrevolutionären Sozialismus, dessen Durchsetzung er sich als Folgewirkung des Krieges versprach.

Seit 1915 war Mussolini als einfacher Soldat an der Front, ohne sich in dem festgefahrenen Stellungskrieg am Isonzo irgendwie hervorzutun. Bei einer Explosion verwundet, wurde er im Februar 1917 vorzeitig aus dem Militärdienst entlassen, was ihn unverhofft in die Lage versetzte, im «Popolo d'Italia» seine nationalrevolutionäre Propaganda fortzusetzen. Gleichwohl schien er bei Kriegsende politisch erledigt zu sein, nachdem sich alle seine revolutionären Voraussagen nicht erfüllt hatten. Politisch orientierungslos, versuchte er sich nach allen Seiten hin zu profilieren. Diese populistische Rundumstrategie ließ nur eines wirklich erkennen, nämlich die geringe Bedeutung, die er ideologischen Festlegungen gab. Er war ein Möchtegernintellektueller, der sich nur oberflächlich mit anspruchsvolleren theoretischen Texten befaßte. Die beiden einzigen Bücher, die allem Anschein nach größeren Einfluß auf ihn gehabt haben, waren Gustave Le Bons «Psychologie des Foules» von 1905 und Georges Sorels «Reflexions sur la violence» von 1908. Von Sorel leitete er den gewaltbereiten Aktionismus ab, der ihn zu seinen zahlreichen politischen Kehrtwendungen befähigte, Le Bon verleitete ihn zu dem Glauben, Massen allein mit seinem politischen Willen bewegen zu können, ohne sich Gedanken darüber zu machen, welche politische Botschaft er genau verkündete.

23.3.1919: Gründungsdatum des Faschismus   Früher als andere erkannte Mussolini, welches politische Potential die Millionen von heimkehrenden, gesellschaftlich großenteils entwurzelten Frontkämpfern darstellten. Geschickt bediente er sich des Slogans vom ‹verstümmelten Sieg›, der italienischen Variante der deutschen Dolchstoßlegende, um unter ihnen Anhänger zu finden. Aus diesem Reservoir kamen denn auch seine ersten politischen Gefolgsleute, mit denen er am 23.3.1919 in einem kleinen Saal an der Piazza San Sepolcro in Mailand den ersten Italienischen Kampfbund (Fascio italiano di combattimento) gründete, aus dem sich der Faschismus entwickeln sollte.

Es handelte sich um eine bunt zusammengewürfelte Schar von allenfalls 200 Versammlungsteilnehmern, die abgesehen von ihrer individuellen Gewaltbereitschaft vor allem einte, daß sie als Linke auf dem Weg nach rechts waren. Ähnliche Fasci bildeten sich nach dem Mailänder Vorbild in anderen oberitalienischen Städten, aus der Summe dieser Fasci entwickelte sich allmählich der ‹Fascismo›. In einem ersten Programm forderte der Faschismus Mindestlöhne, Mitbestimmung, den Achtstundentag, eine Alters- und Invalidenversicherung, das allgemeine Frauenwahlrecht sowie vor allem die Abschaffung der Monarchie und die Einführung der Republik. Mussolini ließ sich allerdings nicht auf dieses Programm festlegen. Auf dem ersten Kongreß der Fasci di combattimento im Oktober 1919 erklärte er, keine Präferenzen zu haben, «weder monarchische noch republikanische».

Der politische Erfolg der neuen Bewegung war zunächst bescheiden, um die Jahreswende von 1919/20 gab es 31 Fasci mit insgesamt nicht einmal eintausend Mitgliedern. In völliger Überschätzung ihrer politischen Möglichkeiten nahmen die Fasci am 16.11.1919 an den ersten nationalen Nachkriegswahlen teil. Das Ergebnis war für sie deprimierend, die Faschisten erhielten nur einige Tausend Stimmen und konnten keinen einzigen Abgeordneten ins Parlament schicken. Die vernichtende Wahlniederlage zwang Mussolini erneut zu einer radikalen Kurskorrektur. Die Beweglichkeit, mit der er dieses Wendemanöver vollzog, sollte für seinen politischen Stil bezeichnend werden: Er hielt sich künftig stets alle Möglichkeiten offen, um sich dann skrupellos für diejenige Richtung zu entscheiden, die ihm den größten politischen Vorteil zu bringen schien. Der Faschismus profilierte sich seit Anfang 1920 als Speerspitze der Gegenrevolution, nachdem er sich ursprünglich einen revolutionären Anstrich gegeben hatte.

Es war allerdings nicht allein dieser programmatische Schwenk, der aus der unbedeutenden Splittergruppe des Faschismus seit Ende 1920 allmählich eine rechtsextreme Massenbewegung machte. Vielmehr spielte die sozialistische Linke dem Faschismus unwillkürlich in die Hände. Die Sozialistische Partei verspielte den relativ großen Wahlsieg, den sie bei den Parlamentswahlen von 1919 errungen hatte, weil sie sich nicht zwischen konstruktiver parlamentarischer Politik und außerparlamentarischer Massenpropaganda entscheiden konnte. Während sie so

bei den bürgerlichen Schichten nicht ihr Image einer Umsturz-
partei loswurde, verlor sie bei den Arbeitern ihr Ansehen als
Speerspitze der Revolution. Die Arbeiter in den oberitalienischen Industriestädten entglitten dadurch ihrer Führung und
überzogen die industriellen Großbetriebe seit Anfang 1920 mit
einer fast ununterbrochenen Welle spontaner Streiks. Als diese
aufgrund des sich versteifenden Widerstandes der Unternehmer
für sie zu nichts führten, gingen sie Anfang September 1920 zu
Fabrikbesetzungen über. Diese endeten überall in einem wirtschaftlichen Desaster. Die wichtigste politische Folge war die
Spaltung der Sozialistischen Partei auf dem Kongreß von Livorno
im Januar 1921, auf dem sich der linke Flügel der Partei unter
der Führung von Amadeo Bordiga und Antonio Gramsci ab-
spaltete und die Kommunistische Partei Italiens (Partito Comunista d'Italia / PCI) gründete.

Obwohl damit eigentlich evident war, daß der revolutionäre
Elan der Arbeiterklasse gebrochen war und in Italien keine soziale Revolution mehr drohte, hatte sich die Angst vor der ‹roten
Gefahr› tief in das kollektive Bewußtsein der bürgerlichen Mit-
telschichten eingeschrieben. Die Angst vor der vermeintlich drohenden bolschewistischen Revolution war der massenpsychologische Nährboden für den Aufstieg des Faschismus.

Squadrismus: Der Faschismus in der Provinz   Die Arbeitsver-
hältnisse in der Landwirtschaft waren in der Poebene, in Venetien und in der Toskana seit dem 19. Jahrhundert in hohem
Maße kapitalistisch geprägt. Es gab nur wenige selbständige
bäuerliche Betriebe, vorherrschend waren landwirtschaftliche
Großbetriebe, deren häufig adelige Eigentümer als Renten-
bezieher in den Städten lebten. Ihre Landgüter wurden von
Verwaltern bewirtschaftet, die im jahreszeitlichen Rhythmus
ein wechselndes Heer von Lohnarbeitern (Braccianti) beschäftigten. In der Toskana war abweichend davon ein Halbpacht-
system (Mezzadria) vorherrschend, welches die Pächter zur
Ablieferung der halben Ernteerträge an die Grundeigentümer
verpflichtete. Landarbeiter und bäuerliche Pächter stellten im
Weltkrieg das Gros des italienischen Millionenheers. Sie entwik-

kelten dabei ein bis dahin unbekanntes kollektives Selbstbewußt-
sein, das sie nach dem Krieg zum Aufbau von sozialistischen,
aber auch katholischen Gewerkschaften befähigte. In harten
klassenkämpferischen Auseinandersetzungen mit den Landbe-
sitzern setzten sie zahlreiche Errungenschaften wie die Freizü-
gigkeit am Arbeitsplatz, eigenständige Arbeitsvermittlungen,
landwirtschaftliche Konsumgenossenschaften sowie vor allem
kollektive Arbeitsverträge durch.

Der aufkommende Faschismus, mit dem sie bis dahin nichts
verbunden hatte, bot den Grundbesitzern die Chance, aus der ge-
sellschaftspolitischen Defensive herauszukommen. Unabhängig
vom städtischen Erstfaschismus förderten sie einen agrarischen
Faschismus (fascismo agrario), der fern jeder linken Zweideutig-
keit war. Der Agrarfaschismus war eindeutig konterrevolutionär
eingestellt und hatte zunächst allein das Ziel, die organisierte
Landarbeiterbewegung zu zerschlagen. Seine organisatorischen
Zentren lagen bezeichnenderweise in den Agrostädten Oberita-
liens und der Toskana, in denen die Grundbesitzer vorwiegend
lebten. Der Faschismus konnte in diesen Städten auch mittel-
ständische Fabrikbesitzer und Händler rekrutieren, welche von
der Agrarproduktion des Umlandes abhängig waren.

Der Aufschwung des Agrarfaschismus machte aus der politischen Splittergruppe des Faschismus seit der Jahreswende von
1920/21 eine Massenbewegung. Hatte die faschistische Bewegung Ende 1920 etwa 20 000 Mitglieder, so waren es ein Jahr
später fast 250 000, die sich auf Fasci in 834 Städten verteilten.
Vor allem aber brachte der agrarische Provinzfaschismus einen
neuen paramilitärischen Aktionsstil in die Bewegung, den von
bewaffneten ‹Squadre d'azione fascista› ausgeübten ‹squadrismo›.
Ungeachtet seiner verbalen Radikalität hatte sich der städtische
Faschismus durchaus noch in die politische Kultur des Landes
eingefügt. Der Agrarfaschismus begriff sich dagegen als paramilitärische Bürgerkriegsorganisation, so daß der Faschismus nach
kurzer Zeit «im wesentlichen aus dem Squadrismus» bestand
(Sven Reichardt).

Die ersten Squadre d'azione entstanden in Venetien, wo sie
meist von schon kampferprobten Kadern der Freikorps gebildet

wurden, die im September 1919 unter der Führung des Schrift-
stellers Gabriele D'Annunzio die Stadt Fiume besetzt und in dieser bis Ende 1920 eine sowohl nationalistisch als auch sozia-
listisch geprägte Herrschaft ausgeübt hatten. Von D'Annunzios
Legionären adaptierten die Faschisten die Praxis einer paramilitärischen Uniformierung mit Schwarzhemden und Militärstie-
feln, eines hierarchischen Führungssystems sowie einer militärischen Kommandosprache. Außerdem übernahmen sie von ihnen
die antislawische Stoßrichtung, die schon frühzeitig rassistisch
aufgeladen wurde und damit ihren späteren antiafrikanischen
und antisemitischen Rassismus antizipierte.

Seit der Mitte des Jahres 1921 war der Squadrismus über Venetien, die Lombardei, Piemont und vor allem die Emilia-Roma-
gna sowie die Toskana verbreitet, der Süden wurde von der
faschistischen Welle nur in Kampanien und in Apulien erfaßt,
Kalabrien und die Inseln blieben davon weitgehend unberührt.
Diese ungleichmäßige Verteilung des faschistischen Aufschwungs
erklärt sich aus den politischen Konfliktlagen der Nachkriegs-
zeit. Der Faschismus fand nur dort besonderen Zulauf, wo die
Sozialisten als vermeintlich revolutionäre Gefahr angesehen
worden waren.

An der Spitze der squadristischen Bewegung standen regionale Anführer, die bezeichnenderweise als ‹Ras› bezeichnet wurden, ein Titel, den die weitgehend autonomen Stammeshäupt-
linge im abessinischen Feudalstaat trugen. Die meisten dieser
faschistischen Führer beschränkten ihre gewalttätige Politik nur
auf die eigene Provinz und konzentrierten sich darauf, ihr politisches Herrschaftsgebiet von dem anderer abzugrenzen. Unter
den regionalen Parteiführern ragten jedoch einige besonders
hervor, die über ihren Provinzfaschismus hinaus den Ehrgeiz
entwickelten, auch auf nationaler Bühne aktiv zu werden. Zu
diesen gehörten Dino Grandi, der regionale Führer in der Provinz Bologna, Italo Balbo in Ferrara, Renato Ricci in Carrara,
Carlo Scorza in Lucca und Augusto Turati in Brescia, die später
tatsächlich auch alle im faschistischen Regime Karriere machen
sollten. Der einflußreichste Regionalführer war Roberto Farinacci in Cremona, der von seinesgleichen gelegentlich sogar als

‹Ras der Ras› bezeichnet wurde. Seine anhaltende nationale Reputation innerhalb des Faschismus rührte vor allem daher, daß er bis 1943 die neben Mussolinis «Popolo d'Italia» wichtigste faschistische Parteizeitung «Cremona Nuova» (später «Regime Fascista») herausgab, die mit ihrem polemischen Agitationsstil innerhalb des faschistischen Extremismus meinungsbildend wirkte. Im Grunde war Farinacci der einzige wirkliche Gegenspieler Mussolinis, auch wenn er ihm immer loyal ergeben blieb.

Das hervorstechendste Merkmal squadristischer Aktivität war die kollektive Gewaltanwendung. Das Ziel waren in erster Linie sozialistische, aber auch katholische Parteibüros und Gewerkschaftshäuser und Konsumgenossenschaften. Wie Angelo Tasca in seiner klassischen Darstellung der faschistischen Machtergreifung Anfang der dreißiger Jahre berichtete, wurden allein im ersten Halbjahr 1921 726 Einrichtungen der Arbeiterbewegung zerstört. Der Individualterror der faschistischen Horden reichte von rituellen Verprügelungen (Bastonate) über die zwangsweise Einflößung von Rizinusöl bis hin zum gezielten Mord. Die «Grundfigur der faschistischen Praxis» (Ernst Nolte) war die Strafexpedition (Spedizione punitiva). Bei dieser konzentrierten die Faschisten ihre Gewalttätigkeit auf einen Ort und zogen sich, nachdem sie dort ihr Zerstörungswerk verrichtet hatten, wieder zurück. Die faschistischen ‹Strafexpeditionen› nahmen schließlich den Charakter regelrechter militärischer Operationen an, wobei, wie z. B. bei der Eroberung des Arbeiterviertels Scandicci in Florenz, die Armee häufig logistische Hilfestellung gab.

Mussolinis politische Doppelstrategie Mussolini stand dem Aufstieg des Agrarfaschismus durchaus mit gemischten Gefühlen gegenüber. Einerseits bescherte dieser dem Faschismus einen unerwarteten Massenerfolg, den der städtische Ursprungsfaschismus allein nie erzielt hätte. Je mehr jedoch die sozialistische und christlich-demokratische Vorherrschaft bei den Landarbeitern und Pächtern in Nord- und Mittelitalien durch den faschistischen Terror gebrochen wurde, desto mehr verschreckte die gewalttätige Ausbreitung des Squadrismo das politische Establishment. Zugespitzt formuliert, stand Mussolini vor dem Dilemma, sich entweder für einen gewaltsamen Umsturz oder für den parlamentarischen Weg der Machteroberung entscheiden zu müssen. Weniger aus klarem Kalkül als vielmehr gezwungen durch die Umstände, legte er sich weder auf die eine noch auf die andere Option fest. Im Laufe des Jahres 1921 entwickelte er eine riskante politische Doppelstrategie, die ihn 1922 tatsächlich an die Macht bringen sollte. Einerseits nahm er die Rolle des kompromißbereiten Staatsmanns ein, der die Regeln des politischen Systems achtete. Andererseits spielte er jedoch die umstürzlerische Kraft des Squadrismus aus, indem er mehr oder weniger unverblümt mit einem Putsch drohte.

Während sich der squadristische Agrarfaschismus immer weiter ausbreitete, versuchte Mussolini gezielt seine Verfassungstreue unter Beweis zu stellen. Im Frühjahr 1921 ging er auf das Angebot des Ministerpräsidenten Giolitti ein, für die Parlamentswahlen am 15.5.1921 faschistische Kandidaten zu stellen. Diese wurden in die bürgerlichen Einheitslisten der ‹Nationalen Blöcke› (Blocchi nazionali) aufgenommen, die Giolitti zur Bekämpfung der politischen Linken aus Liberaldemokraten, Konservativen, Nationalisten, sozialistischen Reformisten und Faschisten formte. Der Ministerpräsident verfolgte mit dieser, von ihm vor 1914 gegenüber der Linken erfolgreich angewandten Integrationsstrategie das Ziel, die Dynamik der faschistischen Bewegung zu brechen und sie auf den parlamentarischen Weg festzulegen. Für Mussolini war es allein schon ein politischer Erfolg, in den bürgerlichen Koalitionsblock aufgenommen zu werden. Erst recht konnte er triumphieren, als unter den 275 Abgeordneten, die über die Blocchi nazionali ins Parlament gewählt wurden, immerhin 35 Faschisten waren.

Gleichzeitig ging jedoch der Vormarsch des Agrarfaschismus unverändert weiter. Giolittis politische Strategie war damit gescheitert, er trat folgerichtig am 4.7.1921 als Ministerpräsident zurück. Aber auch Mussolini mußte fürchten, mit seiner Doppelstrategie unglaubwürdig zu werden. In einer öffentlichen Rede griff er daher am 27.2.1921 den Agrarfaschismus frontal an, indem er daran erinnerte, daß der «erste Faschismus» eine «Bewegung zur Verteidigung der Nation und nicht eine ausschließlich repressive Organisation zur Verteidigung einiger besonderer Interessen» gewesen sei. Es war dies der Auftakt zu einer aufsehenerregenden Wende, die er im Sommer entschlossen vollzog. Er ging auf die von den faschistischen Squadre d'azione rücksichtslos bekämpfte Sozialistische Partei zu und schloß mit dieser am 2.8.1921 einen Befriedungspakt (Patto di pacificazione). Damit profilierte er sich einerseits als verantwortungsbewußter Staatsmann und stellte andererseits demonstrativ seinen Führungsanspruch gegenüber den radikalfaschistischen Führern heraus. Deren Reaktion auf diese gezielte Provokation ließ nicht lange auf sich warten. Sie verabredeten sich in Bologna für den 12.9.1921 zu einem gemeinsamen Sternmarsch nach Ravenna. Tatsächlich liefen sie jedoch mit diesem nur äußerlich eindrucksvollen Massenaufmarsch in die Leere. Mussolini zwang sie mit einer dramatischen Inszenierung, bei der er behauptete, von seiner obersten Führerstellung zurücktreten zu wollen, einem Parteikongreß zuzustimmen, auf dem über die künftige politische Strategie des Faschismus entschieden werden solle. Dieser zweite Parteikongreß fand vom 7.–10.10.1921 in Rom statt und bestätigte den Kurs Mussolinis, auch wenn er scheinbar mit einem politischen Kompromiß endete.

Von der ‹Bewegung› zur ‹Partei› Schon allein der Versammlungsort zeigte an, daß Mussolini das Gesetz des Handelns bestimmte. Das ungeliebte Rom war für die radikalfaschistischen ‹Ras› der Inbegriff all dessen, was sie bekämpften, Parlamentarismus und Parteienstaat, bürokratischer Zentralismus, Monarchie und Papsttum. Mussolini teilte durchaus diese Feindbilder, indem er den Parteikongreß nach Rom einberief, signalisierte er jedoch dem politischen Establishment, daß er sich davon freimachen und die Regierungsfähigkeit des Faschismus unter Beweis stellen wollte.

Das wichtigste Ergebnis des Kongresses war der Übergang des Faschismus von der ‹Bewegung› (Movimento) zur ‹Partei› (Partito). Das wird fälschlicherweise meist so verstanden, daß in Rom die Umwandlung des Faschismus in eine straff geführte

politische Organisation beschlossen worden sei. Davon konnte
jedoch keine Rede sein. Zugespitzt formuliert handelte es sich
bei der Parteigründung um nicht mehr als einen Akt symbolischer
Politik, da sich organisatorisch wenig änderte. Das entsprach
freilich auch der parteigeschichtlichen Tradition Italiens, in der
Parteien mehr oder weniger nur durch den politischen Willen
einzelner Notabeln repräsentiert wurden. Am wichtigsten war
für Mussolini deshalb, daß seine beiden Hauptwidersacher unter den ‹Ras›, Dino Grandi und Pietro Marsich, in das Führungsgremium des Partito Nazionale Fascista (PNF) eintraten.

Mussolini wurde damit als oberster Führer des Faschismus
anerkannt, eine Position, die bis 1943 in der Partei nicht mehr in
Frage gestellt werden sollte. Nicht zufällig bürgerte es sich seit
dem römischen Parteitag innerhalb des Faschismus ein, Mussolini nur noch als ‹Duce› zu titulieren. Die Selbstbezeichnung des
Faschismus als ‹Partei› war im übrigen vor allem ein Signal nach
außen. Auch wenn sich die Faschisten bei ihrem zerstörerischen
Kampf gegen den ‹Bolschewismus› des Beifalls großer Teile des
politischen Establishments sicher sein konnten, bestand doch
der Verdacht, daß sich ihre Dynamik am Ende auch gegen den
liberalen Verfassungsstaat richten könnte. Antifaschistische Kritiker wie der radikaldemokratische Historiker Gaetano Sal-
vemini haben davor frühzeitig gewarnt. Mit der Präsentation
des Faschismus als ‹Partei› signalisierte Mussolini jedoch, daß er
sich an die Regeln des bestehenden politischen Systems halten
und keinen politischen Umsturz herbeiführen wollte. Die Partei-
werdung des Faschismus kann insofern als eine Art von politischer Loyalitätserklärung angesehen werden.

Das bedeutete nicht, daß Mussolini den faschistischen Extremismus gänzlich ausbremsen wollte, ganz abgesehen davon, daß
er dazu zu diesem Zeitpunkt gar nicht in der Lage gewesen wäre.
Im Sinne seiner politischen Doppelstrategie brauchte er die faschistische Bewegung, um die nationalkonservativen Eliten bis
hin zu König Viktor Emanuel III. weiterhin einzuschüchtern und
auf diese Weise zu einer politischen Zusammenarbeit zu zwingen. Gleichwohl führte selbstverständlich kein gerader Weg vom
römischen Parteitag des PNF zur Regierungsübernahme Musso-

linis im Oktober 1922. Um die Jahreswende von 1921/22 schien seine Regierungsbeteiligung zunächst sogar wieder in weite Ferne gerückt zu sein. Der sozialdemokratisch orientierte Regierungschef Ivanoe Bonomi versuchte erstmals eine parlamentarische Mehrheit aus Liberaldemokraten, PSI und PPI, also eine Art ‹Weimarer Koalition›, zustande zu bringen. Aufgrund der inneren Zerrissenheit des PSI, des Mißtrauens des borniert antidemokratischen Papstes Pius XI. gegenüber den grundsätzlich koalitionsbereiten Popolari und der innerhalb des bürgerlichen Lagers aufbrechenden Gegensätze ist er jedoch mit dieser zukunftsträchtigen Strategie gescheitert. Er mußte im Februar 1922 zurücktreten und einer handlungsschwachen Regierung ohne wirkliche Autorität unter dem Ministerpräsidenten Luigi Facta Platz machen. Die Selbstauflösung des parlamentarischen Systems war damit nur noch eine Frage der Zeit.

Mussolini ließ sich in dieser Situation dazu hinreißen, die Katze aus dem Sack zu lassen. Ganz offen verkündete er auf einer Massenversammlung in Bologna: «Nieder mit dem Parlament. Es lebe die Diktatur!» (abasso il parlamento, viva la dittatura). Und im Popolo d'Italia gab er am 12.2.1922 die Parole «Richtung Diktatur» (verso la dittatura) aus. Damit verschreckte er die nationalkonservativen Parteiführer vorübergehend mehr als ihm lieb sein konnte. Zwar herrschte im bürgerlichen Lager inzwischen die Ansicht vor, daß eine Regierungsbeteiligung der Faschisten unvermeidlich sei, jedoch konnte man sich diese nur in einer untergeordneten Rolle vorstellen, nicht unter der Führung des ‹Duce›.

In dieser für Mussolini prekären Situation rettete ihn am 1.8.1922 die Ausrufung eines landesweiten politischen Generalstreiks durch die sozialistischen Gewerkschaften. Der Streik richtete sich gegen die drohende Auslieferung des Staates an den Faschismus und dessen Verwandlung in eine Diktatur. Er wurde deshalb als «Legalitätsstreik» (Sciopero legalitario) ausgegeben, er wirkte jedoch wie eine neuerliche ‹bolschewistische› Kampfansage an den liberalen Staat. Mussolini erhielt dadurch unverhofft die Chance, sich wiederum zum Retter vor der ‹roten Gefahr› aufzuwerfen und als Garant für Ruhe und Ordnung zu empfehlen.

28.10.1922: Der ‹Marsch auf Rom›   Nach dem Zusammenbruch des Generalstreiks schien die Machtergreifung des Faschismus unmittelbar bevorzustehen. Tatsächlich gab es jedoch in der Endphase vor der Beauftragung Mussolinis mit der Regierungsbildung noch mehrere Alternativen. Die Mehrheit der squadristischen Extremisten träumte von einem militärischen Putsch, durch den das parlamentarische Regierungssystem abgeschafft und durch eine Einparteiendiktatur des Faschismus abgelöst werden sollte. Ihre diffusen Vorstellungen konkretisierten sich in der Idee eines ‹Marschs auf Rom›, durch den in einer Art von aktionistischer Selbstverwirklichung ein neuer Staat entstehen sollte.

Auf der anderen Seite standen die oligarchischen Führer der nationalkonservativen Rechten, die sich mit dem Aufstieg des Faschismus abgefunden hatten, diesen aber glaubten dadurch ‹zähmen› zu können, daß sie ihn als Juniorpartner an der Macht beteiligten. Obwohl schon als Ministerpräsident mit seiner Strategie des Aussitzens gescheitert, verfolgte vor allem Giolitti das Ziel, den Faschismus durch die Aufnahme Mussolinis in die Regierung politisch zu domestizieren. Da er nicht nur das Vertrauen der hohen Bürokratie, sondern auch in der Industrie große Sympathien besaß, war Giolitti für Mussolini ein durchaus gefährlicher Gegner. Auch die früheren Regierungschefs Antonio Salandra und Francesco Saverio Nitti rechneten sich im Herbst 1922 Chancen aus, mit Hilfe der Faschisten ein politisches Comeback zu erleben. Schließlich glaubte auch Luigi Federzoni aus dem Rennen um die Regierungsbildung als Gewinner hervorgehen zu können. Als Führer der dem Faschismus verwandten, schon seit 1910 bestehenden Associazione Nazionalista Italiana (ANI) konnte er für sich ins Feld führen, mit der nationalistischen Miliz der Sempre pronti den Faschisten auch auf der Straße Paroli bieten zu können. Aufgrund seiner monarchistischen Einstellung konnte Federzoni auch mit großen Sympathien im Königshaus rechnen. Für Mussolini war er deshalb zweifellos der gefährlichste Konkurrent von rechts.

Mussolini war klar, daß er weder allein den Weg eines Staatsstreichs gehen noch lediglich konventionelle Koalitionsverhandlungen führen konnte, wenn er als Ministerpräsident die Regierung übernehmen wollte. Vielmehr war im Herbst 1922 für ihn der Zeitpunkt gekommen, an dem sich seine politische Doppelstrategie bewähren mußte, mit einem Staatsstreich zu drohen, um eine Regierungskoalition im Parlament zusammenzubringen. Es war dieses Modell politischer Machtergreifung, das sich sowohl den Staatsstreichplänen des faschistischen Extremismus als auch der rein parlamentarischen Mehrheitsfindung als überlegen erwies. Mussolini führte damit den Faschismus mit einer politischen Methode an die Macht, die bis dahin nirgendwo ein Vorbild hatte.

Außerparlamentarisch war es sein erstes Ziel, den von anarchischer Gewalttätigkeit, aber auch gegenseitigen Rivalitäten geprägten Squadrismus zu einer gemeinsamen Handlungseinheit zu bringen. Um die Widerstände auf der römischen Handlungsebene zu überwinden, legte er am 20.9.1922 in einer programmatischen Rede in Udine eine Art von Regierungsprogramm vor. An erster Stelle stand dabei ein klares Bekenntnis zur Monarchie, das abzugeben er bisher vermieden hatte. In der Rede bekannte Mussolini sich ferner zu einer liberalen Wirtschaftspolitik, durch welche die bescheidenen Schritte der Nachkriegsregierungen zu einer aktiven staatlichen Sozialpolitik wieder zurückgenommen werden sollten. Schließlich verneigte er sich vor der katholischen Kirche, deren lateinische Traditionen er beschwor und deren autoritäre Organisationsstruktur er als vorbildlich bezeichnete. Es war für die Zeitgenossen durchaus zu erkennen, daß alle diese Verbeugungen vor den wichtigsten gesellschaftlichen Institutionen des Landes schierem Opportunismus entsprangen. Angesichts des paramilitärischen Drohpotentials des Faschismus, das zu bändigen man nur Mussolini zutraute, ließ man sich jedoch betören.

Der Countdown der faschistischen Machtergreifung wurde in dem Augenblick eingeleitet, in dem sich der schwache Ministerpräsident Facta im Oktober 1922 dazu aufraffte, den vierten Jahrestag des italienischen Sieges im Ersten Weltkrieg am 4.11.1922 mit einer großen patriotischen Demonstration zu begehen, bei der auch D'Annunzio als Redner auftreten sollte. Unmittelbar nachdem Mussolini davon erfahren hatte, entschloß er sich zur Mobilmachung des faschistischen Parteiheeres. Für die squadristischen Extremisten schien damit die Stunde des Staatsstreichs gekommen zu sein, Mussolini ging es jedoch einzig und allein darum, den Anschein zu erwecken, als wolle er diesen wagen.

Am 16.10.1922 wurde in der faschistischen Parteizentrale in Mailand ein Quadrumvirat von vier militärischen Führern eingesetzt, das den mehrfach angekündigten ‹Marsch auf Rom› (Marcia su Roma) befehligen sollte. Mussolini verhinderte dadurch, daß die extremistischen Parteiführer den Versuch machten, diesen in eigener Regie durchzuführen. Als Exponent des faschistischen Extremismus konnte in dem Quadrumvirat lediglich Italo Balbo angesehen werden, auf dessen militärische Fähigkeiten Mussolini nicht verzichten konnte. Der Piemonteser Cesare De Vecchi repräsentierte innerhalb des Faschismus die Frontkämpfer, hatte vor allem aber auch gute Beziehungen zum Königshaus. Emilio De Bono hatte als ehemaliger Weltkriegsoffizier gute Verbindungen zum Heer, dessen Eingreifen Mussolini bis zuletzt fürchten mußte. Als seinen persönlichen Vertrauensmann berief Mussolini den ehemaligen Syndikalisten und ihm bedingungslos ergebenen Michele Bianchi in das militärische Führungsgremium.

Am 24.10.1922 hielt Mussolini in Neapel mit Zehntausenden von Schwarzhemden eine Art von Mobilisierungskongreß für den ‹Marsch auf Rom› ab. In einer leidenschaftlichen Rede brachte er seine politische Doppelstrategie nochmals auf eine kurze Formel: «Entweder man überträgt uns die Regierungsgewalt oder wir werden sie uns holen, indem wir uns auf Rom stürzen.» Gleichzeitig verlangte er bei der Regierungsbildung für den PNF fünf Ministerien und ein zusätzliches Kommissariat für Luftfahrt, wobei er behauptete, selbst gar nicht in die Regierung eintreten zu wollen. Der ‹Marsch auf Rom› wurde in Neapel auf den 28.10.1922 angesetzt. In drei Marschkolonnen zogen die Faschisten daraufhin in den nächsten Tagen auf Rom zu und nahmen in Tivoli, Santa Marinella und Monterotondo Wartestellungen ein, das Hauptquartier wurde in Perugia aufgeschlagen. So dramatisch diese Drohkulisse zu sein schien, so wenig bedrohlich war sie im Grunde in militärischer Hinsicht. Die faschistischen Kolonnen waren nur selten auch mit Gewehren bewaffnet, ihre Kleidung war angesichts eines Dauerregens unzureichend, die Verpflegung mangelhaft. Da sie mit dem dramatischen Geschehen in Rom tagelang nichts zu tun hatten, wurde ihre Moral als Parteisoldaten stark angegriffen.

Die Ankündigung des ‹Marschs auf Rom› zwang die Regierung zum Handeln. Da der König erst am Abend des 27.10. aus seinem Sommerquartier nach Rom zurückkommen sollte, mußte der Ministerpräsident Facta jedoch erst einmal warten. Was er dann am Abend dieses Tages mit dem König vereinbart hat, ist bis heute unklar. Seinen Rücktritt, wie häufig behauptet wird, kann er nicht erklärt haben, da er nach hektischen nächtlichen Beratungen am Morgen des 28.10.1922 einen Kabinettsbeschluß zur Ausrufung des Ausnahmezustandes herbeiführte. Als er diesen um 9.00 Uhr morgens dem König zur Unterzeichnung vorlegen wollte, wurde ihm jedoch eine Unterredung verweigert. Damit war die Entscheidung zu Gunsten von Mussolini gefallen.

Es ist nicht genau überliefert, weshalb der König in letzter Minute vor dem Ausnahmezustand zurückschreckte. Allein die militärisch gut ausgerüstete römische Garnison von etwa 28 000 Soldaten wäre in der Lage gewesen, die 14 000 demotivierten faschistischen Parteisoldaten militärisch zurückzuschlagen, wodurch noch im letzten Moment eine faschistische Machtübernahme hätte verhindert werden können. Daß diese letzte Chance nicht genutzt wurde, hatte rein formal gesehen König Viktor Emanuel III. zu verantworten. Neben der Rivalität mit seinem faschistenfreundlichen Vetter, dem Duca d'Aosta, waren die Angst vor einem Bürgerkrieg und die nur laue Unterstützung durch die oberste Militärführung, in der schon viele dem Faschismus zuneigten, sicherlich die Hauptgründe für sein Verhalten. So ängstlich dieser politisch mediokre ‹kleine König› aber auch gewesen sein mag, muß man doch berücksichtigen, daß sein Entscheidungsspielraum aufgrund der Selbstlähmung des parlamentarischen Systems nur noch gering war. Letzten Endes war das Versagen des Königs strukturell in den inneren Widersprüchen des politischen Systems Italiens nach 1918 angelegt, nicht allein im persönlichen Verhalten einzelner Protagonisten.

Am Morgen des 29.10.1922 erteilte der König Mussolini den Auftrag zur Regierungsbildung. Mit dem Nachtzug fuhr dieser daraufhin am Abend von Mailand nach Rom, ohne unterwegs irgendwo bei den inzwischen ziemlich demoralisierten faschistischen Kolonnen Station zu machen. Dagegen begann er schon im Zug mit Kabinettsverhandlungen, die er daher auch schon am nächsten Tag abschließen konnte. Noch am 30.10. wurde er vom König zum Ministerpräsidenten ernannt.

Die Regierung war dem äußeren Anschein nach eine Koalitionsregierung auf breiter politischer Basis. Dem PNF fielen außer dem Amt des Ministerpräsidenten nur fünf der 15 Ministerien zu, darunter allerdings die zentralen Ministerien der Justiz (Aldo Oviglio), der Finanzen (Alberto De Stefani) sowie des Äußeren und des Inneren, die Mussolini beide selbst in Personalunion übernahm. Zwei Ministerien fielen an linksbürgerliche, zwei an rechtsbürgerliche Liberale, unter denen der Philosoph Giovanni Gentile, der das Erziehungsministerium übernahm, besonders herausragte. Die Nationalisten erhielten nur ein Ressort, das Kolonialministerium, mit Luigi Federzoni holte Mussolini sich jedoch einen seiner wichtigsten Rivalen in der Endphase der Regierungsbildung ins Kabinett. Zwei Ministerien gingen an den besonders in Sizilien sehr erfolgreichen Partito Democratico Sociale. Besonders wichtig war schließlich, daß Mussolini mit Zustimmung des Vatikans auch zwei Ministerposten mit Angehörigen des PPI besetzen konnte.

Die politische Bandbreite des Kabinetts kontrastierte auffällig mit der Tatsache, daß kein einziger der radikalfaschistischen Provinzführer ein Ministeramt erhalten hatte. Was diese aber wirklich frustrierte, war der Verlauf des mit so großem Lärm angekündigten ‹Marschs auf Rom›. Während Mussolini zum Ministerpräsidenten ernannt wurde und im Blitztempo sein Kabinett zusammenstellte, mußte die faschistische Parteiarmee tatenlos vor den Toren Roms ausharren. Der ‹Duce› mußte daher dringend etwas tun, um die in der faschistischen Partei aufkommende Mißstimmung zu beseitigen. Er kam auf die Idee, die faschistischen Marschkolonnen am 31.10. durch die Stadt marschieren zu lassen und damit die Einnahme Roms durch die Faschisten vorzutäuschen. Statt tatsächlich einen politischen Umsturz herbeizuführen, durften sie diesen also nur simulieren. Das war allerdings nicht nur ein Trostpflaster für die faschistische Basis. Indem er sich zusammen mit den Quadrumvirn an die Spitze der einmarschierenden Kolonnen setzte, demonstrierte Mussolini damit gleichzeitig gegenüber seinen Koalitionspartnern, daß er auch als Ministerpräsident weiterhin über ein Parteiheer verfügte. Wichtiger noch war die symbolische Bedeutung dieses nachträglich gestellten Einmarsches. Sie diente der Schaffung des politischen Mythos vom gewaltsam erzwungenen Umsturz durch den Faschismus. Der angebliche ‹Marsch auf Rom› am 28.10.1922 wurde zum Gründungsdatum des faschistischen Regimes erklärt, das jährlich als politischer Festtag rituell begangen und zum ‹Tag 1› in der faschistischen Zeitrechnung erhoben wurde.

IV. Die Herausbildung des faschistischen Diktatursystems 1922–1929

Der Faschismus an der Regierung   Am 16.11.1922 teilte Mussolini der Kammer seine vom König bestätigte Ministerliste mit und gab seine erste Regierungserklärung als Ministerpräsident ab. Sie enthielt nur wenige substantielle Details, provozierend war jedoch der drohende Ton, in dem sie vorgetragen wurde. Unmißverständlich ließ Mussolini die Abgeordneten wissen, was er, auch wenn er sich den verfassungsmäßigen Regeln gefügt hatte, eigentlich vom parlamentarischen System hielt. Als Ministerpräsident stehe er im Parlament, «um in höchstem Maße die Revolution der ‹Schwarzhemden› zu verteidigen und auszuweiten». Unter Verweis auf angeblich 30 000 bewaffnete Faschisten vor den Toren Roms setzte er noch eins darauf und drohte dem Parlament ganz unverblümt: «Ich hätte aus dieser grauen Aula ein Biwak für meine Milizen machen können, ich hätte das Parlament zumachen und eine Regierung ausschließlich von Faschisten bilden können, ich hätte, aber ich habe es, jedenfalls zu diesem Zeitpunkt, nicht gewollt.» Der polternde, aber genau kalkulierte Auftritt galt sicherlich zunächst einmal den faschistischen Marschkolonnen, die sich den ‹Marsch auf Rom› ganz anders vorgestellt hatten. Mussolini signalisierte ihnen, daß er sie auch als Ministerpräsident keineswegs vergessen habe und daß die ‹faschistische Revolution› auf der Tagesordnung bleibe. Gleichzeitig suchte er jedoch das Parlament dadurch einzuschüchtern, daß er mit Gewaltanwendung drohte, falls man ihm nicht willfährig sei.

Daß dies nicht bloß leere Drohungen waren, sondern Mussolini das Parlament in seinen Kompetenzen einschränken wollte, war schon am 16.11.1922 evident. Mit seiner Regierungserklärung verlangte Mussolini die Zustimmung zu einem Ermächtigungsgesetz, das ihm bis zum 31.12.1923 ermöglichen sollte, ausschließlich mit Regierungsdekreten zu regieren, die vom Parlament nicht abgesegnet zu werden brauchten. Am 24.12. stimmte das Parlament diesem Gesetz zu und tat damit den ersten Schritt hin zu seiner Selbstentmachtung.

Mussolini nutzte den ihm dadurch gegebenen Spielraum unverzüglich zu zwei folgenreichen Entscheidungen. Noch im Dezember schuf er den Großrat des Faschismus (Gran consiglio del fascismo), der am 12.1.1923 zum ersten Mal zusammentrat. Durch Dekret vom 14.1.1923 rief er zum 1.2.1923 die faschistische Milizorganisation (Milizia Volontaria per la Sicurezza Nazionale/MVSN) ins Leben. Es handelte sich in beiden Fällen um neue faschistische Parteiorgane, die jedoch «den Staat durchdringen» sollten (Brunello Mantelli).

Der faschistische Großrat war in hohem Maße ein Instrument symbolischer Politik. Er trat meist erst abends um 22.00 Uhr bei Kerzenlicht zusammen, um in bis zum frühen Morgen gehenden Nachtsitzungen zu beraten. Das sollte ihm die Aura des Außergewöhnlichen geben, welche seine Tätigkeit von der Tagespolitik abhob. Mit stilisierten Protokollen der Sitzungen, die in großer Auflage publiziert wurden, sollte der Eindruck erweckt werden, daß das Gremium alle wichtigen Entscheidungen des Landes bestimmte. In Wahrheit wurde in ihm weder wirklich diskutiert noch mehrheitlich abgestimmt, alle Beschlüsse und Resolutionen wurden, jedenfalls seit Mussolinis Staatsstreich vom 3.1.1925, einstimmig gefaßt. Die ständig wechselnden Mitglieder des Gran Consiglio wurden allein von Mussolini berufen, er allein berief auch die Sitzungen ein, legte die Tagesordnung fest und leitete die Verhandlungen. Der Gran Consiglio war daher, schon bevor er 1928 zum Verfassungsorgan erhoben wurde, die zentrale Schaltstelle von Mussolinis persönlicher Diktaturherrschaft.

Die Einrichtung der MVSN sollte Mussolini dazu dienen, den zersplitterten faschistischen Squadrismus zu disziplinieren und der unmittelbaren Befehlsgewalt der extremistischen Provinzführer zu entziehen. Sie wurde nicht als Parteimiliz, sondern als streng hierarchisch aufgebaute staatliche Miliz organisiert, die Mussolini ausdrücklich als Regierungschef unterstellt war. Am wichtigsten war der Artikel 9 des Gründungsdekrets, in dem das Weiterbestehen sonstiger paramilitärischer Einheiten untersagt wurde. Die Einrichtung der MVSN mußte deshalb als Kampfansage an die extremistischen Provinzführer des Faschismus angesehen werden, die ihre paramilitärische Machtbasis verlieren sollten.

Die Krise der faschistischen Partei   Es kann nicht verwundern, daß die ‹Ras› sich heftig gegen diesen gezielten Angriff auf ihre Machtbasis wehrten. Die Geschichte des Faschismus war nach dem ‹Marsch auf Rom› bis in das Frühjahr 1924 hinein von heftigen, teilweise gewaltsamen Auseinandersetzungen geprägt, welche die Partei an den Rand der Auflösung brachten. Die squadristische Gewalttätigkeit gegenüber der ‹Linken› richtete sich nunmehr auch gegen sich selbst. Das führte zu einer unübersichtlichen Welle von sezessionistischen Parteiabsplitterungen, vor allem in den altfaschistischen Regionen Norditaliens, aber auch im kaum faschistisch durchdrungenen Süden. Die Dissidenten kamen aus allen Lagern des Faschismus, zu leiden hatten aber vor allem gemäßigte Faschisten, die Mussolinis Befriedungskurs unterstützten und deshalb von extremistischen Provinzführern aus der Partei ausgeschlossen wurden. Umgekehrt sahen sich jedoch auch prominente Extremisten wegen ihrer Ablehnung einer ‹Normalisierung› in die Rolle dissidierender Außenseiter gedrängt. Die chaotische Vielfalt der Auseinandersetzungen ließ eines ganz deutlich erkennen, nämlich den Mangel an zentraler Führung in der Partei.

Eine Wende zeichnete sich erst in der großen Auseinandersetzung zwischen den Parteigängern Mussolinis und dem provinziellen Extremismus ab, die im September 1923 durch die sogenannten Revisionisten im PNF ausgelöst wurde. Einige der Faschisten aus dem engeren Umkreis von Mussolini, die bei der Ämterverteilung 1922 leer ausgegangen waren, starteten im September 1923 einen publizistischen Angriff auf den faschistischen Extremismus. Sie attackierten vor allem den blinden Aktionismus der Extremisten, der den Faschismus um die Früchte seines Sieges bringe. Es ist verbürgt, daß Massimo Rocca und Giuseppe Bottai, die beiden wichtigsten Wortführer der revisionistischen Gruppe, in Absprache mit Mussolini handelten. Der Beifall der bürgerlichen Sympathisanten des Faschismus war groß, dennoch scheiterte der revisionistische Vorstoß an dem entschiedenen Widerstand der Extremisten, die bei dieser Gelegenheit unter der Führung Farinaccis weitgehend gemeinsam agierten. Mussolini erhielt dadurch jedoch die Gelegenheit, sich in der Partei als ausgleichender Schiedsrichter einzuschalten und für einen politischen Kompromiß zu sorgen. Er legte damit den Grundstein für seine innerparteiliche Integrationsrolle als ‹Duce del Fascismo›, mit der er schließlich für einen fundamentalen Strukturwandel in der Partei sorgen konnte.

Der Schein der Normalisierung   Mit der Durchsetzung des Ermächtigungsgesetzes hatte Mussolini angedeutet, in welcher Richtung der Faschismus das politische System Italiens umbauen wollte. Die große Mehrheit, die sich in der Abgeordnetenkammer für das Gesetz aussprach, änderte jedoch zunächst nichts daran, daß im Parlament nach wie vor nur 35 faschistische Abgeordnete saßen. Um diesen Zustand zu ändern, strebte Mussolini schon bald nach seinem Regierungsantritt Neuwahlen an. Dafür bedurfte es jedoch eines anderen Wahlrechts als des nach dem Krieg geschaffenen reinen Verhältniswahlrechts. Angesichts der Minderheitsposition der Faschisten im Parlament war eine solche Wahlrechtsänderung nur im Einvernehmen mit den nationalkonservativen und katholischen Koalitionspartnern zu erreichen, Mussolini mußte daher um eine parlamentarische Mehrheit kämpfen.

Das neue Wahlrecht wurde in einer Kommission des Parlamentes unter dem Vorsitz von Mussolinis Staatssekretär im Amt des Ministerpräsidenten, Giacomo Acerbo, monatelang beraten und wurde erst nach zähem Ringen am 13.12.1923 im Parlament verabschiedet. Nur weil sich die Abgeordneten des in sich zerrissenen PPI unter dem Druck des Vatikan bei der Abstimmung der Stimme enthielten, konnte das Gesetz am Ende mit 223 gegen 123 Stimmen durchgehen. Nicht zu Unrecht erklärte der Sozialistenführer Filippo Turati danach im Hinblick auf das Parlament: «Wir waren es, die dem Faschismus den Sieg beschert haben.» An die Stelle des personenbezogenen Verhältniswahlrechts trat mit der Wahlreform ein reines Mehrheitswahlrecht auf Listenbasis. Die entscheidende Neuerung war die Bestimmung, daß die Wahlliste, auf die auf nationaler Ebene die relative Mehrheit, mindestens aber 25% der Stimmen, entfiele, zwei Drittel der Sitze in der Abgeordnetenkammer erhalten sollte. Mussolini triumphierte nach dem gelungenen Coup und machte keinen Hehl mehr daraus, wohin die politische Reise mit dem denkbar undemokratischen Wahlrecht gehen sollte: «Wir haben die Macht und wir werden sie behalten. Wir werden sie gegen jedermann verteidigen. In diesem unseren festen Willen, die Macht zu behalten, besteht die Revolution.» Klarer hätte er nicht zum Ausdruck bringen können, daß es bei der nunmehr anstehenden Wahl nicht um eine demokratische Legitimierung seiner Regierung, sondern bloß um eine formale Absicherung seiner Machtposition gehen sollte.

Es diente demselben Zweck, wenn für die dann am 6.4.1924 stattfindende Wahl eine große Einheitsliste (Listone) gebildet wurde, in die nicht nur Faschisten, sondern auch Liberale, rechtsorientierte Katholiken, Kriegsveteranen und unabhängige Intellektuelle aufgenommen wurden. Je größer die politische und gesellschaftliche Bandbreite der Kandidaten war, desto weniger konnte auffallen, daß diese nur zur Verschleierung des faschistischen Herrschaftsanspruches mißbraucht wurden. Erwartungsgemäß erhielt die große Einheitsliste bei den Wahlen mit Abstand die meisten Stimmen, einschließlich des Wahlbonus stellte sie 375 Abgeordnete für das Parlament. Zusammen mit einer kleineren Regierungsliste (Lista B), auf die nochmals 29 Abgeordnete entfielen, konnte die faschistische Regierung nach der Wahl mit 404 statt bisher 35 Abgeordneten rechnen, ein gewaltiger Wahlsieg, der sich am Ende nicht allein der Manipulation des Wahlrechtes verdankte. Die Opposition kam insgesamt auf 106 Sitze, was angesichts der Gewalttätigkeit, der sie sich von seiten der faschistischen Miliz während des Wahlkampfes ausgesetzt gesehen hatte, immerhin noch ein bemerkenswertes Ergebnis war. Es zeigte sich gleichwohl, daß die Italiener den Faschismus mit überwältigender Mehrheit an der Macht bestätigt hatten.

Der Mord an Matteotti und die Krise des faschistischen Regimes

Im Mai 1924 schien Mussolini erstmals fest im Sattel zu sitzen. Die Spaltungstendenzen innerhalb des Faschismus waren großenteils überwunden, im Parlament hatte die Regierung eine überwältigende Mehrheit, die Monarchie stand fest hinter dem ‹Duce›, die katholische Kirche war auf dem besten Weg, sich mit dem Faschismus zu arrangieren. Da löste am 11.6.1924 das Verschwinden des sozialistischen Generalsekretärs Giacomo Matteotti, der am 16.8. ermordet aufgefunden wurde, die größte Existenzkrise des faschistischen Regimes aus. Matteotti hatte am 31.5. in einer unerschrockenen Parlamentsrede angekündigt, daß er Beweise für die faschistischen Übergriffe während des Wahlkampfes und dunkle Machenschaften der Regierung bis hin zum politischen Mord vorlegen werde. Die Entourage Mussolinis wurde dadurch in Panik versetzt. Cesare Rossi, der Pressechef und engste Vertraute Mussolinis im Innenministerium, setzte eine staatlich ausgehaltene und von dem Berufsverbrecher Amerigo Dumini geführte Schlägerbande auf Matteotti an, möglicherweise nur um diesen eine Zeitlang physisch außer

Gefecht zu setzen. So waren schon die radikaldemokratischen Intellektuellen Giovanni Amendola und Piero Gobetti zum Schweigen gebracht worden. Die Bande Duminis ermordete Matteotti und versteckte die Leiche weit von Rom entfernt in der Macchia. Auch wenn nie nachgewiesen werden konnte, daß der Regierungschef persönlich von der staatsterroristischen Mordaktion gewußt hatte, stand Mussolini mit einem Schlage schwerstens diskreditiert da.

Zunächst versuchte er, sich durch politische Bauernopfer zu retten. Er entließ nicht nur Cesare Rossi, sondern auch den Polizeichef Emilio De Bono. Ein geschickter Schachzug war es auch, das Innenministerium vorübergehend an den ehemaligen Nationalisten Luigi Federzoni abzugeben, der nach wie vor gute Verbindungen zum Königshof hatte. Schließlich stellte er im Senat die Vertrauensfrage, die er erwartungsgemäß mit breiter Mehrheit gewann. Daß Mussolini die Matteottikrise politisch überlebte, hatte er aber letzten Endes dem politisch unklugen Verhalten der Opposition zu verdanken. Diese zog sich, mit Ausnahme der katholischen Volkspartei, in einem Akt symbolischer Politik aus dem Parlament zurück und versammelte sich in Erinnerung an den Protest der Plebejer während der Römischen Republik auf einem virtuellen ‹Aventin›. Damit beraubte sie sich jeder Möglichkeit, Mussolini im Parlament zur Rede stellen zu können. Dem ‹Aventin› blieb nur noch übrig, über die Presse und durch politische Protestversammlungen Druck auf die ‹Fiancheggiatori› des Faschismus, vor allem auf den König auszuüben, um diese zum Handeln zu bringen. Doch wie schon beim ‹Marsch auf Rom› wagte der König sich wiederum nicht aus der Deckung, vielmehr ließ er im Laufe der Monate durch beredtes Schweigen immer deutlicher erkennen, daß er Mussolini nicht fallen lassen würde.

Mussolini konnte die Matteottikrise auch deshalb aussitzen, weil sich seine politische Doppelstrategie erneut auszahlte. Je länger die Krise andauerte, desto mehr verstärkte sich das Murren des faschistischen Extremismus in der Provinz, der eine «zweite Welle» der Revolution (Adrian Lyttelton) forderte. Der faschistische Unmut erreichte seinen Höhepunkt mit einem

spektakulären Auftritt oberster Milizführer (Consoli), die am
30.12.1924 in Rom unangemeldet in das Arbeitszimmer des
‹Duce› eindrangen, um diesen zum Handeln aufzufordern. Mit
ihrer unverblümten Drohung, einen Bürgerkrieg zu beginnen, bestätigten sie die Ängste von König Viktor Emanuel III. Das spielte
Mussolini in die Hände. So prekär seine Situation seit dem Verschwinden Matteottis in moralischer Hinsicht auch sein mochte,
blieb er für den König und das ihm verpflichtete Establishment
Italiens doch der Garant für Ruhe und Ordnung.

Mussolinis Staatsstreich vom 3.1.1925   Mit dem Staatsstreich
vom 3.1.1925 übernahm Mussolini die politische Verantwortung für den Mord an Matteotti, er trat jedoch nicht als Ministerpräsident zurück, sondern verkündete im Gegenteil die
«Diktatur mit offenem Visier» (Alberto Aquarone). Auch auf
dem Weg in die persönliche Alleinherrschaft sicherte sich Mussolini nach beiden Seiten ab. Dem faschistischen Extremismus
kam er durch die Ernennung Roberto Farinaccis zum Generalsekretär des PNF entgegen. Dieser übernahm das Amt am
12.2.1925 mit dem Auftrag, den anarchischen Provinzfaschismus seinem obersten Führerwillen zu unterwerfen. Farinacci versuchte jedoch sein Konzept einer elitären Kaderpartei zu verwirklichen, nach dem der PNF eine «ausgewählte Minderheit» von
Mitgliedern umfassen sollte, die als «Avantgarde der Nation»
eine bürokratische Parteiherrschaft ausübte. Mussolini ließ
Farinacci daher nur so lange gewähren, wie er den PNF zu einer
hierarchisch gegliederten Einheitspartei umgestaltete, als er jedoch für den PNF Herrschaftsansprüche anmeldete, entließ er
ihn am 30.3.1926 unter dem Beifall der Fiancheggiatori. Seine
Amtsnachfolger Augusto Turati (1926–1930) und Giovanni
Giurati (1930–1932) formten den PNF mittels umfangreicher
politischer Säuberungen zu einem willfährigen Instrument des
‹Duce del Fascismo› um.

Der Wendepunkt von der autonomen Elitepartei zur abhän-
gigen Massenpartei wurde durch das Zirkular Mussolinis vom
5.1.1927 markiert, das die Provinzsekretäre (Segretari federali)
des PNF förmlich den Präfekten unterstellte. Schon im Oktober

1926 war das innerparteiliche Wahlprinzip durch das autoritäre Führerprinzip ersetzt worden, durch das die Parteiführung den uneingeschränkten Zugriff auf die Parteibasis erhielt. Der PNF wurde aber nicht zu einem staatlich regulierten Akklamationsorgan umgeformt, wie das die Strategen einer Staatspartei auf faschistischer Verfassungsbasis gewünscht hätten. Die Partei behielt vielmehr soviel politische Eigenständigkeit, daß sie Mussolini davor bewahrte, von seinen Bündnispartnern gänzlich vereinnahmt zu werden.

Der Protagonist eines institutionalisierten Staatsfaschismus war der aus dem Nationalismus kommende Justizminister Alfredo Rocco. Seit 1925 trieb er durch eine ganze Serie von Gesetzeswerken, die von der Propaganda als «hyperfaschistische Gesetze» (Leggi fascistissime) bezeichnet wurden, den institutionellen Ausbau der Diktatur voran. Während Farinacci auf eine faschistische Parteidiktatur hinarbeitete, vertrat Rocco das Modell eines monarchischen Staatsfaschismus, in dem die Partei durch den Staat absorbiert und Mussolini vom König ebenso abhängig sein sollte wie in Farinaccis Modell eines Parteifaschismus vom PNF. Mussolini ging es jedoch einzig und allein darum, seine persönliche Führerherrschaft zu sichern und sich weder durch die Partei noch durch den Monarchen in seiner diktatorischen Sonderrolle einschränken zu lassen. Unter dem Schlagwort des ‹Stato totalitario› strebte er einen Staat an, in dem seine Diktatur lediglich rechtsförmig abgesichert werden sollte.

Einig war sich die gesamte faschistische Herrschaftsclique allerdings in dem Willen zur vollständigen Unterdrückung aller oppositionellen Gruppierungen. Der faschistische Staat sollte ein Einparteienstaat werden mit einem nur noch pro forma bestehenden Parlament und einer von diesem unabhängigen Regierung. Die Verfassung des ‹Statuto Albertino› sollte auf diese Weise zwar nicht abgeschafft, wohl aber völlig ausgehöhlt werden. Die Hauptstoßrichtung der ersten Serie der Diktaturgesetze war daher die Unterdrückung der Opposition, eine zweite Serie zielte auf den Aufbau einer faschistischen Führerdiktatur.

Die Repressionspolitik setzte bei der Presse an. Im Laufe des Jahres 1925 wurden alle wichtigen oppositionellen Zeitungen, von «La Stampa» und «Corriere della Sera» bis hin zu radikaldemokratischen Blättern wie «Il Mondo» und «La Rivoluzione Liberale», zur Aufgabe gezwungen. Mit einem restriktiven Pressegesetz, das sämtliche Zeitungen und Zeitschriften unter Zensur stellte, wurde am 31.12.1925 die Unterdrückung der freien Meinungsäußerung besiegelt. Das Ergebnis war eine faschistische Einheitspresse, die nach außen hin mehr als alles andere den Übergang zur Diktatur anzeigte. Nach der Auflösung aller politischen Parteien und Vereinigungen erhielt der PNF einen politischen Monopolcharakter. Den sozialistischen und katholischen Gewerkschaften blieb nichts anderes übrig, als sich aufzulösen, nachdem der Unternehmerverband (Confederazione generale dell'industria) am 2.10.1925 mit der faschistischen Gewerkschaft (Confederazione delle corporazioni fasciste) im römischen Palazzo Vidoni einen Vertrag geschlossen hatte, in dem sich beide Seiten über die Tarifhoheit hinaus einen Alleinvertretungsanspruch zusicherten. Das Streikrecht wurde gleichzeitig abgeschafft, staatliche Arbeitsgerichte hatten künftig über Streitigkeiten zwischen Unternehmern und Arbeitern zu entscheiden.

Mit einem weiteren Gesetz wurden am 3.4.1926 die Kompetenzen der Präfekten erheblich ausgeweitet. Diese erhielten die Möglichkeit, jemand ohne jede gerichtliche Überprüfung in die polizeiliche Verbannung (Confino di polizia) zu schicken. Für solche Zwangsaufenthalte wurden zunächst abgelegene Gebirgsdörfer und dann Mittelmeerinseln wie Ponza, Ventotene oder Lipari ausgewählt. In den dreißiger Jahren wurden dafür jedoch mehr und mehr geschlossene Konzentrationslager geschaffen, meist in leerstehenden Klöstern, Fabriken oder Landgütern, seit dem italienischen Kriegseintritt auch in eigens errichteten Anlagen wie dem Lager Renicci di Anghiari in der Provinz Arezzo, das eine Kapazität von 9000 Häftlingen hatte. Über das ganze Land verteilt soll es im faschistischen Italien am Ende über 50 solcher Lager gegeben haben.

Der Höhepunkt der faschistischen Repressionspolitik wurde am 25.11.1926 mit dem Gesetz zur Verteidigung des Staates (Legge per la difesa dello Stato) erreicht. Den Vorwand dazu lieferten einige mißglückte, möglicherweise inszenierte Attentate auf den ‹Duce›. Das Gesetz führte die Todesstrafe für Attentate gegen Mitglieder der königlichen Familie, den Regierungschef sowie für nicht weiter definierte «politische Verbrechen» ein. Weiterhin wurde durch das Gesetz eine politische Geheimpolizei zur Bekämpfung des Antifaschismus (Opera di Vigilanza per la Repressione Antifascista/OVRA) geschaffen. Sie wurde von ihrem ersten Chef, Arturo Bocchini, der bis zu seinem Tod im Jahre 1940 der wichtigste faschistische Machthaber hinter Mussolini sein sollte, zu einem der wirkungsvollsten Organe der faschistischen Diktatur ausgebaut. Schließlich wurde durch das Gesetz ein politischer Sondergerichtshof (Tribuna speciale per la difesa dello Stato) eingerichtet, der zwar nur selten Todesstrafen, dafür aber fern aller Rechtsstaatlichkeit regelmäßig drakonische Freiheitsstrafen verhängte. Es kann kein Zweifel daran bestehen, daß der faschistische Polizeistaat damit das Land seit Anfang der dreißiger Jahre fest im Griff hatte.

Die rigorose Verfolgung des Antifaschismus führte zur Zerschlagung aller oppositionellen Gruppierungen, die sich auch im Untergrund nicht halten konnten. Die antifaschistische Opposition sammelte sich daher seit Anfang der dreißiger Jahre im Ausland, vor allem in Frankreich. Neben den Kommunisten und den Sozialisten tat sich hier vor allem die überwiegend bürgerlich geprägte politische Gruppierung Gerechtigkeit und Freiheit (Giustizia e Libertà) hervor, die von dem organisatorisch begabten und wortgewaltigen Intellektuellen Carlo Rosselli geführt wurde. Das faschistische Regime hielt Giustizia e Libertà für einen so gefährlichen Gegner, daß es Carlo Rosselli zusammen mit seinem Bruder Nello in einem Akt von kaltblütigem Staatsterrorismus am 9.6.1937 in der Normandie ermorden ließ.

Faschisierung des Staates   Die Formveränderung des liberalen Staates hatte schon am 12.1.1925 begonnen, als Mussolini ein Gesetz durch das Parlament peitschte, das die sofortige Entlassung politisch mißliebiger Angestellter in staatlichen Behörden ermöglichte. Dadurch wurde im öffentlichen Dienst schon seit 1926 die Mitgliedschaft im PNF erzwungen, auch wenn das Parteibuch als Voraussetzung für den Staatsdienst erst 1933 formal verlangt wurde. Von den römischen Ministerien bis herunter zur Kommunalverwaltung eroberten faschistische Parteifunktionäre und Milizionäre auf breiter Front Stellen in der öffentlichen Verwaltung. Da dieser Elitenwechsel von den faschistischen Kadern als angemessene Belohnung für die ‹faschistische Revolution› angesehen wurde, wurde das in Italien traditionell ohnehin verbreitete klientelistische Protektionssystem dadurch nicht nur bestätigt, es führte vielmehr in einem bisher unbekannten Ausmaß zu öffentlicher Korruption.

Es waren vor allem zwei Gesetze, welche die absolute Führungsstellung Mussolinis im faschistischen Diktatursystem dauerhaft festigten. Am wichtigsten war das Gesetz vom 24.12. 1925, das dem Ministerpräsidenten, der bis dahin im Kabinett nur primus inter pares gewesen war, als «primo ministro» eine grundsätzliche Vorrangstellung einräumte. Bezeichnend war, daß der Ministerpräsident in dem Gesetz als «Regierungschef» (Capo del Governo) und nicht mehr als «Presidente del consiglio» bezeichnet wurde, wodurch schon verbal die Ersetzung des kollegialen Kabinettssystems durch das faschistische Führerprinzip zum Ausdruck gebracht wurde. Der Regierungschef repräsentierte gegenüber dem König künftig allein die gesamte Regierung. Von einer Verantwortung der Regierung gegenüber dem Parlament war nicht mehr die Rede. Das parlamentarische Regierungssystem wurde damit de facto beendet, auch wenn das Parlament zunächst noch bestehen blieb. Ein Schritt hin zum zentral gelenkten Führerstaat war zuvor schon durch die Aufhebung der lokalen Autonomie von Städten und Gemeinden, in denen die oppositionellen Parteien noch einen Rest von Macht besaßen, gemacht worden. Durch ein Gesetz vom 28.10.1925 erhielt zunächst die Stadt Rom eine autoritäre Verfassung mit einem von der Regierung eingesetzten Gouverneur (Governatore) an der Spitze. Durch Gesetz vom 3.9.1926 wurden dann in allen Kommunen die gewählten Bürgermeister abberufen und durch sogenannte «Podestà» ersetzt, die von der Regierung ernannt wurden und dieser gegenüber weisungsgebunden waren.

Die verfassungsmäßige Inkubationsphase der faschistischen

Diktatur wurde durch die ‹Konstitutionalisierung› des Gran Consiglio am 9.10.1928 und die ‹Wahlen› zum Parlament am 24.3.1929 abgeschlossen. Die Umwandlung des Gran Consiglio zu einem Staatsorgan schien formal gesehen ein Akt der Verstaatlichung zu sein, de facto sprengte sie jedoch die bestehende Verfassungsordnung. Das Gesetz schränkte die Vollmachten des Königs ein, da dieser nunmehr den Regierungschef nur noch auf Vorschlag des Gran Consiglio ernennen durfte. Es griff auch in die Modalitäten der Parlamentswahl ein, weil nur noch über eine Einheitsliste abgestimmt werden durfte, die der Gran Consiglio aufgestellt hatte. In der Praxis wurde durch diese Verfassungsänderungen auch wieder nur die persönliche Machtstellung Mussolinis gestärkt, da der Gran Consiglio ohne seine Anweisungen nicht handlungsfähig war. Um dem Gran Consiglio nicht zuviel politisches Gewicht zu geben, wurde er von Mussolini seit 1928 bezeichnenderweise ungleich seltener einberufen als im ersten Jahrzehnt seines Bestehens. Der ‹Duce› ließ den Gran Consiglio mitentscheiden, wenn er, wie im Fall der Rassengesetze von 1938, eine möglichst große Rückendeckung haben wollte. Den Kriegseintritt Italiens am 10.6.1940 ließ er dagegen nicht absegnen, weil er hier Widerstände befürchten mußte.

Mit den ‹Wahlen› vom 24.3.1929 ließ sich Mussolini die autoritäre Aushöhlung des liberalen Staates plebiszitär bestätigen. Es gab bei diesem Plebiszit eine einzige Großliste mit 400 Kandidaten, über die der Wähler nur en bloc entscheiden konnte. Die Wahlberechtigung war gegenüber den letzten noch halbwegs demokratischen Wahlen nochmals erheblich eingeschränkt worden, so daß sich die Wählerschaft um fast 24 % verringerte. Daß auf diese Weise ein Wahlergebnis totalitären Ausmaßes erzielt wurde, versteht sich von selbst. Bei angeblich nur 135 761 Gegenstimmen und 8092 ungültigen Stimmen gab es 8 519 557 Ja-Stimmen. Nach demselben Muster wurde 1934 erneut ein Plebiszit angesetzt, bei dem wiederum nur pauschal über eine vom Gran Consiglio vorgelegte Einheitsliste abgestimmt werden konnte. Das manipulierte Ergebnis suggerierte neuerdings eine überwältigende Zustimmung zum faschistischen Regime. Der letzte Schritt zur vollständigen Beseitigung des parlamentarischen Sy-

stems wurde am 23.3.1939 mit der Schaffung der Camera dei
Fasci e delle Corporazioni getan. Dieses neue Organ des faschistischen Staates setzte sich überhaupt nicht mehr aus gewählten
Abgeordneten zusammen, sondern nur noch aus Amtsträgern
des Regimes, die nach einem politischen Schlüssel benannt worden waren.

Verständigung mit der katholischen Kirche Dem 1929 kon-
stituierten Parlament oblag es, die am 11.2.1929 mit dem Vatikan geschlossenen Lateranverträge zu ratifizieren. Aus der Sicht
des Faschismus stellten diese Verträge den Schlußstein zur Verwirklichung von Mussolinis Diktatur dar, die dadurch in dem
katholischen Land ihre moralische Rechtfertigung erhielt. Daß
ausgerechnet Mussolini die seit 1871 schwebende ‹Römische
Frage› lösen konnte, war für die Zeitgenossen eine Sensation ersten Ranges. Keine der liberalen Regierungen hatte es zuvor
geschafft, sich mit der unzugänglichen katholischen Kirchen-
führung über den völkerrechtlichen Status des Vatikans und
finanzielle Ausgleichszahlungen zu einigen. Da die katholische
Kirchenzentrale große Sympathien für einen autoritären Führerstaat hatte, der Liberalismus und Demokratie ebenso ablehnte
wie sie selbst, kam sie Mussolini jedoch bereitwillig entgegen.
Mussolini andererseits erhoffte sich von einer Einigung mit der
katholischen Kirche einen größeren Massenrückhalt in der Bevölkerung.

Die von dem vatikanischen Kardinalstaatssekretär Pietro
Gasparri und von Mussolini unterzeichneten Lateranverträge
bestanden aus drei Teilverträgen. Ein Staatsvertrag regelte zunächst das Verhältnis von Italien zum Vatikanstaat auf der Basis
gegenseitiger völkerrechtlicher Anerkennung. Ein Finanzvertrag
ersetzte den vom Vatikan nie anerkannten Garantievertrag aus
der Zeit der nationalen Einigung Italiens und gewährte der katholischen Kirche für die seit dem Risorgimento erlittenen Ge-
bietsverluste beträchtliche Entschädigungen. Ferner wurden der
Kirche für die Zukunft großzügige finanzielle Leistungen zum
Unterhalt von Sozial- und Bildungseinrichtungen zugesagt. Ein
Konkordatsvertrag bestätigte schließlich die katholische Kirche

in Italien als allein anerkannte Staatskirche. In den Schulen wurde wieder katholischer Religionsunterricht eingeführt, kirchlich geschlossene Ehen wurden künftig staatlich anerkannt. Schließlich bekam die Katholische Aktion (Azione cattolica) in der Jugendarbeit eine weitreichende Autonomie zugesprochen, die ihr freilich der faschistische Staat bald wieder streitig machte.

Die katholische Kirche erhielt in den Lateranverträgen vom faschistischen Staat Zugeständnisse, die sie in dieser Summierung von den liberalen Regierungen zuvor nie erhalten hätte. Die Kirchenzentrale im Vatikan, die seit dem Tod von Papst Benedikt XV. um ihre internationale Reputation zu kämpfen hatte, wurde mit einem Schlage politisch aufgewertet. Sie war auf die Dauer der Gewinner der Lateranverträge. Für den Augenblick hatte jedoch Mussolini den Vorteil, der autoritären Regimen stark zuneigende Papst Pius XI. bezeichnete ihn drei Tage nach der Unterzeichnung der Lateranverträge als «Mann, den die Vorsehung uns gesandt hat». Das war die katholische Legitimierung der faschistischen Diktatur Mussolinis, die katholische Kirche hatte seitdem als ein «Garant des Massenkonsenses» (Enzo Collotti) zu gelten.

Vom Protektionismus zur ‹Autarkie›

Als Mussolini Ende 1922 die Regierung übernahm, war der konfliktreiche Prozeß des Übergangs von der Kriegs- zur Friedenswirtschaft in Italien noch nicht abgeschlossen. Die faschistischen Führer hatten jedoch nur vage Ideen, wie dieser zu Ende gebracht werden könnte. Mussolini ließ deshalb den altfaschistischen Wirtschaftsprofessor Alberto De Stefani als Finanzminister gewähren. Dieser betrieb bis 1925 eine konsequent wirtschaftsliberale Finanzpolitik, indem er die Staatsausgaben drastisch kürzte, die Unternehmen steuerlich entlastete und niedrigere Einkommensgruppen stärker heranzog. De Stefani hatte mit dieser Wirtschafts- und Finanzpolitik zunächst großen Erfolg, der Export von Konsumgütern, aber auch von landwirtschaftlichen Produkten konnte erheblich gesteigert werden, freilich auf Kosten der italienischen Arbeitnehmer, deren Reallöhne sanken und deren Lebensstandard sich auf breiter Front verschlechterte.

Weniger zufrieden war die Großindustrie im norditalienischen ‹Triangolo›, die es nicht verstand, die Produktion von exportfähigen Investitionsgütern nennenswert zu steigern. Sie lief daher Sturm gegen die unvermutet marktfreudige Wirtschaftspolitik der faschistischen Regierung. Als sich zeigte, daß auch die Agrarproduzenten Norditaliens ihre Produktivität nicht ausreichend steigern konnten, weshalb schon 1923 in erheblichem Umfang Getreide eingeführt werden mußte, suchten die norditalienischen Industriellen den Schulterschluß mit den Großagrariern. Das führte dazu, daß Mussolini, geschwächt durch die Matteottikrise, De Stefani entlassen mußte. An seine Stelle trat Giuseppe Volpi di Misurata, der in der Wirtschaftspolitik eine entschieden protektionistische Wende herbeiführte. Nationale Schutzzölle für die Agrarproduktion und öffentliche Bürgschaften für die Exportindustrie prägten nun die faschistische Wirtschaftspolitik.

Diese Wende stand in gewissem Einklang mit der Wirtschaftspolitik anderer kriegsbeteiligter Länder, welche die Nachkriegskrise zu überwinden versuchten. Sie hatte in Italien jedoch einen spezifischen Charakter, der nicht allein wirtschaftspolitisch bedingt war. Die wirtschafts- und finanzpolitische Stabilisierungspolitik des faschistischen Regimes war sich nicht selbst genug, sie strebte vielmehr weiterreichende politische Ziele an. Getragen von einer sozialdarwinistischen Untergangspropaganda sollte sie dem übervölkerten und nur teilweise modernisierten Land eine nationale Zukunftsperspektive geben, die zugleich auch die faschistische Diktatur rechtfertigte. Indem die Italiener zum ‹Volk ohne Raum› stilisiert wurden, sollte ihnen eine kollektive Identität vermittelt werden, die sie für faschistische Mobilisierungskampagnen reif machte.

Dem lag die soziale Utopie der ‹Autarkie› zugrunde, wonach Italien bei der Ernährung der Bevölkerung, in der industriellen Produktion und bei der Versorgung mit Primärenergie zum Selbstversorger werden sollte. Zwar wurde die Autarkiepolitik von Mussolini erst am 23.5.1936 im Zusammenhang mit dem Angriffskrieg auf Abessinien offiziell proklamiert, jedoch legte er schon in seiner programmatischen Pfingstrede vom 26.5.1926 ein Zukunftsprogramm für eine faschistische Autarkiepolitik vor. Diese ging über eine rein technisch verstandene Steuerung der Volkswirtschaft hinaus. Nicht zufällig startete das Regime die neue Wirtschaftspolitik mit einer Reihe von medial aufwendig inszenierten Kampagnen, die als «Schlachten» (Battaglie) bezeichnet wurden. Die Propagierung wirtschaftlicher ‹Autarkie› diente also im Faschismus von Anfang an zur Legitimierung von militärischer Aggression und imperialer Expansion.

Nur in scheinbarem Widerspruch dazu betrieb das faschistische Regime eine expansive Bevölkerungspolitik. Dieser lag eine «totalitäre Demographie» (Carl Ipsen) zugrunde, die von der Angstvorstellung geprägt wurde, daß der Bevölkerungsrückgang irgendwann zum Aussterben der Italiener und überhaupt der weißen ‹Rasse› führen würde. Mussolini glaubte dieser Gefahr durch eine aktive Bevölkerungspolitik begegnen zu können, welche die biologische Reproduktion der Italiener steigerte. Immer wieder appellierte er an die «faschistischen Familien», die Zahl der Kinder zu erhöhen und damit die «Vitalität» der Italiener unter Beweis zu stellen. Daß eine steigende Bevölkerungszahl die Durchsetzung einer Autarkie Italiens erschweren mußte, wischte er mit großer Geste beiseite. 1928 behauptete er im Vorwort zu einem Buch des von Oswald Spengler beeinflußten deutschen Bevölkerungsideologen Richard Korherr apodiktisch, daß in einem «urbar gemachten, landwirtschaftlich genutzten, bewässerten und disziplinierten, d.h. faschistischen Italien, Platz und Brot für 10 Millionen Menschen mehr» sei. Später setzte er gleichermaßen voluntaristisch seine Hoffnungen auch auf die Wirkung innerstaatlicher Umsiedlungsaktionen sowie vor allem auf die gewaltsame Gewinnung neuen Siedlungsraumes in Afrika. Die Autarkiepolitik, die Bevölkerungspolitik und der koloniale Imperialismus verschmolzen auf diese Weise zu einem dynamischen Komplex, welcher der faschistischen Politik in den dreißiger Jahren eine spezifische Prägung gab.

Im Zuge der pronatalistischen Politik des faschistischen Regimes gerieten im faschistischen Männerstaat vor allem die Frauen unter Druck, die sich mannigfachen Kontrollen bis hin zu regelmäßigen Besuchen durch ein Heer von ‹Besucherinnen› (Visitatrici) ausgesetzt sahen. Um die Geburtenrate zu erhöhen, ergriff das Regime zwar auch finanzielle Maßnahmen. Der Staat gab bescheidene Ehestandsdarlehen, kinderreiche Familien erhielten gewisse steuerliche Erleichterungen, kinderlose wurden mit einer Sondersteuer belegt. Diese staatlichen Hilfen griffen jedoch nur sehr langsam, so daß die pronatalistische Politik des faschistischen Regimes von den Italienerinnen in erster Linie als repressiver Eingriff in die Familienplanung und weniger als Sozialleistung wahrgenommen wurde.

Die erste wirtschaftspolitische Kampagne fand nicht zufällig in der Landwirtschaft statt. Sie wurde im Sommer 1925 als «Getreideschlacht» (Battaglia del grano) mit gewaltigem Propagandaaufwand inszeniert und hatte das erklärte Ziel, die Getreideproduktion zu steigern. Große Hoffnungen setzte das Regime dabei weniger auf Produktivitätssteigerungen als vielmehr auf die Ausdehnung der landwirtschaftlichen Produktionsfläche. Diese Erwartung stand im Zusammenhang mit der Urbarmachung bisher landwirtschaftlich nicht genutzten Landes (Bonifica integrale), z. B. in der toskanischen Maremma, auf Sardinien und vor allem in den Pontinischen Sümpfen (Agro Pontino) südlich von Rom. Die ‹Bonifica› nahm in der Propaganda des faschistischen Regimes einen zentralen Platz ein, ähnlich wie der Bau der Autobahnen im NS-Regime. Ebenso wie diese war sie keine Erfindung des Faschismus, dieser setzte nur fort, was seit Jahrhunderten und verstärkt seit der Gründung des italienischen Nationalstaates mit wechselndem Erfolg betrieben worden war. Der Faschismus nahm jedoch für sich in Anspruch, erstmals im großen Stil etwas gegen die ländliche Übervölkerung getan zu haben. Bezeichnenderweise wurde das auch wiederum als eine ‹Schlacht› bezeichnet. Mit einem Gesetz vom 24.12.1928 wurde eine «Schlacht» für die «vollständige Urbarmachung» der italienischen Sumpfgebiete angekündigt. In der Realität wurden durch die Bonifizierungspolitik bis Mitte der dreißiger Jahre gerade einmal knapp 100 000 Menschen mit Land versorgt – bei einem gleichzeitigen Bevölkerungsanstieg von 300 000–400 000 Menschen im Jahr. Schon deshalb konnte die Politik der ‹Bonifica› keinen Erfolg haben, ganz davon abgesehen, daß sie zu empfindlichen Produktivitätsrückgängen in anderen agrarischen Bereichen, vor allem bei der Tierproduktion und der Milchwirtschaft, führte.

Und noch eine wirtschaftspolitische ‹Schlacht› hat das faschistische Regime nach der Festigung von Mussolinis Diktatur geschlagen. Schon im August 1926 hatte Mussolini in einer Rede in Pesaro eine «Schlacht um die Lira bis zum letzten Blutstropfen» angekündigt. Im Dezember 1927 wurde diese offiziell durch ein Gesetzesdekret eröffnet. Rein finanztechnisch gesehen reagierte die italienische Regierung damit auf die Bemühungen um die Wiederherstellung des internationalen Währungssystems auf der Basis des Goldstandards. In einem weniger ökonomisch als politisch begründeten voluntaristischen Akt legte sie den Wechselkurs der Lira zum englischen Pfund Sterling auf 92,47 Lire, die sogenannte «Quota novanta», fest, wodurch die italienische Währung um etwa 65 % aufgewertet wurde. Das führte zwar tatsächlich zu einer Stabilisierung der Währung, jedoch gleichzeitig zu einer deflationalistischen Politik, die mit erheblichen Lohnkürzungen und einem deutlichen Anstieg der Arbeitslosigkeit verbunden war.

Das faschistische Regime fing die aufkommende Mißstimmung mit einem wirtschaftspolitischen Zukunftsversprechen ab, das zu einem Markenzeichen des Faschismus werden sollte, obwohl es für den Augenblick keinerlei Auswirkungen hatte. Gemeint ist damit die «Arbeitscharta» (Carta del lavoro), die am 21.4.1927 medienwirksam vom Gran Consiglio verkündet wurde. Sie kündigte eine neue Wirtschaftsordnung auf der Basis einer geregelten Verständigung von Kapital und Arbeit an. Der institutionelle Rahmen dafür sollte ein korporatives System sein, in dem Arbeiter und Unternehmer, nach Berufsgruppen geordnet, zu einer staatlich kontrollierten Konfliktregulierung auf der Basis von Kollektivverträgen gezwungen werden sollten. Zwar setzten sich die Anhänger eines integralen Korporativismus (Corporativismo integrale), der Arbeiter und Unternehmer sogar in gemeinsame Organisationen zwingen wollte, nicht durch. Ihr wichtigster Befürworter, der Führer der faschistischen Gewerkschaften Edmondo Rossoni, wurde vielmehr von Mussolini 1928 abgesetzt. Die Idee einer korporativistischen Wirtschaftsverfassung, die durch die Carta del Lavoro in die Welt gesetzt worden war, ermöglichte es jedoch dem faschistischen Regime um so mehr, die Utopie eines konfliktfreien Korporativstaates auf vermeintlich freiwilliger Basis als «dritten faschistischen Weg» (Gianpasquale Santomassimo) zu verkünden.

Die Weltwirtschaftskrise von 1929 traf Italien paradoxerweise weniger als andere Industrieländer. Das lag zunächst daran, daß die weltwirtschaftlichen Verflechtungen des Landes bei weitem nicht so hoch wie die der USA, Großbritanniens oder auch Deutschlands waren. Vor allem aber scheute sich das faschistische Regime nicht, beträchtliche Teile der Industrie entschlossen unter staatliche Kontrolle zu nehmen. Die auch auf Italien durchschlagende Bankenkrise wurde 1931 durch das staatliche Istituto Mobiliare Italiano (IMI) aufgefangen. Noch wichtiger war das 1933 geschaffene staatliche Istituto per la Ricostruzione Industriale (IRI), das unter der Führung des versierten Finanzjongleurs Alberto Beneduce bald ein gigantisches Imperium von Banken und Unternehmen in sich vereinigte. Einerseits staatliche Entwicklungsbank, andererseits Staatsholding von zahlreichen Unternehmen vor allem der Schwerindustrie, stellte das IRI das wichtigste Instrument staatlich gesteuerter, aber nicht verstaatlichter Industriepolitik dar. In gewisser Hinsicht symbolisierte das IRI weit mehr den faschistischen Weg wirtschaftlicher Modernisierung als alle korporativistischen Programme, die weitgehend nur auf dem Papier standen, ohne je tatsächlich realisiert zu werden.

Ähnlich wie in Deutschland wurde die Weltwirtschaftskrise auch in Italien schließlich durch eine massive militärische Aufrüstung überwunden. Diese nützte vor allem der Schwerindustrie im ‹Triangolo› Norditaliens. Allerdings führte der Krieg in Abessinien 1935 zu einem massiven ökonomischen Einbruch, nicht nur wegen der wirtschaftlichen Sanktionen des Völkerbundes, sondern vor allem aufgrund der explodierenden Kosten dieses imperialistischen Abenteuers. Wir wissen heute, daß Italien zwischen 1935 und 1938 11,8% seines Volkseinkommens für militärische Zwecke aufwenden mußte. Die propagandistisch außerordentlich erfolgreiche Gold- und Eheringsammlung vom

18.12.1935 wirkte deshalb im Hinblick auf die Staatsfinanzen nur wie ein Tropfen auf die heißen Stein. Italien war mangels ausreichender Devisen gezwungen, eine staatliche Kontrolle des Wechselkurses einzuführen und sich auf ein System des Warenaustausches mit anderen Staaten einzulassen, das auf reiner Clearingbasis beruhte und zunehmend zu ökonomischer Abhängigkeit von Deutschland führte.

Neue Außenpolitik: Gewalt und Subversion Lange Zeit wurde behauptet, daß Mussolini in den ersten Jahren seiner Herrschaft fast ausschließlich mit der inneren Stabilisierung seiner persönlichen Diktatur beschäftigt gewesen sei und die internationale Politik im wesentlichen seinem Staatssekretär im Außenministerium Salvatore Contarini und dessen Karrierediplomaten überlassen habe. In der Tat schaltete er sich zunächst wenig in die Alltagspolitik ein, so daß es den Anschein haben konnte, der faschistischen Regierung gehe es vor allem um eine Normalisierung der internationalen Beziehungen Italiens. Im Januar 1924 wurde der seit 1918 anhaltende Streit mit Jugoslawien um Fiume beendet, einen Monat später wurden diplomatische Beziehungen mit der Sowjetunion aufgenommen. In Afrika wurden mit Großbritannien für Italien vorteilhafte Grenzberichtigungen erzielt.

Ein Blick in Mussolinis vielbändige «Opera Omnia» zeigt jedoch, daß sich der ‹Duce› in seinen öffentlichen Reden von Anfang an kaum über etwas so oft verbreitete wie über außenpolitische Fragen. Die inzwischen publizierten diplomatischen Akten Italiens lassen im übrigen erkennen, daß er den außenpolitischen Entscheidungsprozeß intern sehr wohl mitbestimmte. Was er auf Dauer im Schilde führte, offenbarte er schon 1923 mit dem von ihm unvermittelt angeordneten militärischen Überfall auf die griechische Insel Korfu, einer zwar aufgrund des energischen Eingreifens Englands und Frankreichs mißglückten Gewaltaktion, die jedoch erkennen ließ, daß der ‹Duce› keineswegs auf Dauer den Status quo akzeptieren wollte. Schon 1925 formulierte er erstmals sein Programm einer faschistischen Außenpolitik. Dies gipfelte in der Zukunftsvision eines faschistischen «Imperiums», das weit über das schon bestehende italienische Kolonialreich hinausgehen und auch in Europa zu einem «Jahrhundert der italienischen Vorherrschaft» führen sollte. Der Weg dazu sollte über «die Züchtung eines neuen Geschlechts von Soldaten» führen, die jederzeit bereit dazu seien, «ihr Leben zu opfern». Das Programm erhielt damit eine deutlich rassenbiologische Begründung, die erkennen läßt, daß Mussolini nicht einfach konventionelle Außenpolitik im Sinn hatte, sondern diese zur politischen Legitimation seiner faschistischen Diktatur benutzen wollte. Es ging in die gleiche Richtung, daß er 1926 als erster italienischer Ministerpräsident einer Kolonie einen Besuch abstattete und mit einer ganzen Armada von Kriegsschiffen in Tripolis landete, um dem erst 1931 beendeten blutigen Unterwerfungskrieg gegen die von Omar Al-Mukhtar geführten aufständischen libyschen Freiheitskämpfer Nachdruck zu verleihen.

In Europa strebte Mussolini die Schaffung eines von Italien geführten faschistischen Blocks an. Diesem Ziel diente es, daß er sich zwar einerseits an der kollektiven Sicherheitspolitik des Völkerbundes beteiligte, sich jedoch gleichzeitig demonstrativ von dieser absetzte. So nahm er zwar im Oktober 1925 an der Konferenz von Locarno teil und garantierte zusammen mit Großbritannien die deutsch-französischen Grenzabmachungen, wußte jedoch bei der gleichen Gelegenheit die europäische Öffentlichkeit durch ein bewußt martialisches Auftreten zu irritieren. Ähnlich aggressiv reagierte er, als der bayerische Ministerpräsident Heinrich Held im Februar 1926 im Landtag die rücksichtslose Italianisierungspolitik der Faschisten in Südtirol kritisierte. Er zwang den deutschen Außenminister Gustav Stresemann damit zu einer Replik, welche die jedem Minderheitenschutz hohnsprechende Politik des Faschismus in Südtirol offenlegte.

Im Jahre 1928 unterzeichnete Mussolini den Briand-Kellogg-Pakt, der den Krieg als Mittel der Politik ächtete, hielt jedoch gleichzeitig an dem von ihm eingeleiteten militärischen Aufrüstungsprogramm demonstrativ fest, obwohl dies dem pazifistischen Geist des Vertrages diametral widersprach. Noch mit der Durchsetzung des Viermächtepaktes von 1933 vermochte Mussolini den Eindruck zu erwecken, daß ihm an einer friedlichen Ausgleichspolitik zwischen Frankreich und Großbritannien einerseits und dem inzwischen von Hitler regierten Deutschland andererseits gelegen sei, obwohl dadurch letzten Endes nur der bisher wenig vertrauenerweckende deutsche Diktator international salonfähig gemacht wurde. Sein Biograph Renzo De Felice hat deshalb die These vertreten, daß Mussolini sogar noch bis zum Münchner Abkommen von 1938 eine Politik des ‹peso determinante› verfolgt habe, d. h. eine Politik, die von der Absicht getragen worden sei, zwischen den Westmächten und Hitler als Zünglein an der Waage eine bestimmende außenpolitische Position einnehmen zu können. In Wahrheit war diese Gleichgewichtspolitik jedoch nur die politische Linie des Altfaschisten Dino Grandi, dem der Diktator von 1929 bis 1932 vorübergehend das Außenministerium überlassen hatte. Mussolini selbst band sich dagegen seit Hitlers Machtergreifung Schritt für Schritt an den geistesverwandten deutschen Diktator, weil er nur von ihm Unterstützung bei der Verwirklichung seiner aggressiven Imperialpläne erwarten konnte, während die alten Kolonialmächte Frankreich und Großbritannien sich aus eigenem Interesse gegen ihn stellen mußten.

Für Mussolini stand fest, daß ein faschistisches Europa nicht auf dem Wege klassischer außenpolitischer Diplomatie geschaffen werden konnte. Es führt daher in die Irre, die Außenpolitik des faschistischen Regimes isoliert zu betrachten, so als ob es sich ausschließlich um internationale Politik im klassischen Sinne gehandelt habe. Mussolini bediente sich nicht nur der Diplomatie, sondern zugleich auch verdeckter Methoden der subversiven Beeinflussung und Destabilisierung anderer Länder. Die faschistische Außenpolitik erhielt damit seit Ende der zwanziger Jahre einen höchst ambivalenten Charakter. Zur Tarnung seiner subversiven Interventionspolitik behauptete Mussolini ein um das andere Mal, daß das faschistische System «kein Exportartikel» sei, obwohl er die Weichen längst auf einen faschistischen Expansionismus gestellt hatte.

Die faschistische Auslandspropaganda wurde, so lange es noch nicht das 1937 errichtete Ministero della Cultura Popolare gab, nicht zentral gesteuert. Seit Anfang der zwanziger Jahre sind vielmehr teils innerhalb, teils außerhalb des PNF eine Reihe von Organisationen entstanden, die durchaus in Konkurrenz zueinander einen faschistischen Universalismus propagierten. An erster Stelle sind hier die Fasci all'estero zu nennen, welche als Auslandsorganisation des PNF die Millionen von Auslandsitalienern als ‹fünfte Kolonne› des Faschismus zu instrumentalisieren suchten. Außerhalb der nationalen Klientel machte die ursprünglich im liberalen Geist des Risorgimento gegründete Società Dante Aleghieri, die 1931 gleichgeschaltet worden war, Kulturpropaganda für den Faschismus. Eine direkt politische Ausrichtung hatten die von Eugenio Coselschi 1933 gegründeten Comitati d'azione per l'Universalità di Roma (CAUR), die als die eigentliche Speerspitze des faschistischen Universalismus angesehen werden müssen. Schließlich ließ Mussolini 1927 auch den freilich bald gescheiterten Versuch zu, in Lausanne mit dem Centre international d'études sur le fascisme die Zentrale einer Faschistischen Internationale aufzubauen. Allen diesen Propagandaorganisationen war gemeinsam, daß sie mehr oder weniger aggressive Werbung für das faschistische Regime betrieben und den Faschismus als Modell für eine ‹Neue Europäische Ordnung› anpriesen. Nachdem seit Hitlers Machtantritt ein erster Schritt in diese Richtung gemacht zu sein schien, schreckte Mussolini auch nicht mehr davor zurück, sich öffentlich zu seiner Absicht zu bekennen, Europa faschistisch zu durchdringen. Zugleich suchte er auf diese Weise auch seinen Führungsanspruch gegenüber Hitler geltend zu machen. Das darf jedoch nicht, wie das häufig geschieht, als Gegensatz gedeutet werden. Die Diktaturen Mussolinis und Hitlers waren zwar von Anfang an auch durch persönliche Rivalitäten geprägt – daß die beiden faschistischen Regime über kurz oder lang politisch zusammengehen würden, stand aber außer Frage.

Wenn irgendwo, dann hatte die faschistische Auslandspropaganda in Deutschland Erfolg. Seit Mitte der zwanziger Jahre war hier mit Giuseppe Renzetti als faschistischer Propagandist der wohl erfolgreichste Geheimagent Mussolinis tätig. Er verstand es zunächst, weite Kreise der nationalkonservativen Rechten, vor allem den republikfeindlichen Wehrverband des Stahlhelm für den Faschismus zu gewinnen. Sein politisches Meisterstück war es, daß er seit 1930 geheime Verbindungen zwischen Mussolini und Hitler herstellen konnte, die sich 1933 für das faschistische Regime als besonders zukunftsträchtig erweisen sollten. Während die italienische Botschaft in Berlin die offiziellen Kontakte zu den Regierungen der Weimarer Republik pflegte, konnte Mussolini gleichzeitig über Renzetti subversive Beziehungen zur extremen Rechten, insbesondere zu den Nationalsozialisten aufbauen, welche die Zerstörung eben dieser Republik zum Ziel hatten.

Aber auch in anderen europäischen Ländern hatte Mussolini mit seiner subversiven Auslandspropaganda Erfolg, wenn auch nirgendwo so stark wie in Deutschland. Dies gilt insbesondere für die Länder, in denen um 1930 ganz nach italienischem Vorbild faschistische Bewegungen entstanden. Führer dieser Bewegungen wie Fürst Ernst Rüdiger von Starhemberg (Österreichische «Heimwehren»), Arthur Fonjallaz (Schweizerische «Fronten»), Oswald Mosley («British union of fascists») oder Léon Degrelle (Bewegung des «Rex» in Belgien) wurden frühzeitig in Rom empfangen. Sie erhielten durch den italienischen Faschismus logistische und finanzielle Unterstützung, im Fall der österreichischen Heimwehren kam es nachweislich sogar zu Waffenlieferungen. Der ebenfalls durch Mussolini unterstützte Führer der kroatischen Ustascha, Ante Pavelič, ließ in den dreißiger Jahren seine Mordkommandos in Italien ausbilden, das ihm schließlich auch selbst politisches Asyl gewährte. Der Faschismus war somit nicht nur ein ideologischer Exportartikel, er unterstützte im Zeichen einer internationalen Expansion auch aktiv subversive Umsturzbewegungen in anderen Ländern. Bevor Hitler in ungleich größerem Maßstab revisionistische Politik zu betreiben begann, war Mussolini deshalb in Europa der gefährlichste Störenfried der internationalen Politik.

V. Das faschistische Diktaturregime
Benito Mussolinis 1929–1943

Nachgelagerte Ideologie Es ist in der Forschung bis heute umstritten, ob der faschistischen Regimebildung eine explizite politische Ideologie zugrunde lag. Wahrscheinlich ist diese Frage jedoch überhaupt falsch gestellt. Alle Versuche, eine wie auch immer geartete «Ideologie des Faschismus» (A. James Gregor) systematisch herauszuarbeiten, sind jedenfalls wenig überzeugend ausgefallen. Selbstverständlich hatte der Faschismus in Italien eine ideologische Dimension, wie andere Diktaturen des 20. Jahrhunderts auch. Jedoch muß man sich zum einen fragen, wie konsistent diese war, ob also statt von einem geschlossenen System nicht eher von einem heterogenen ideologischen Komplex gesprochen werden muß. Zum anderen ist fraglich, in welchem Umfang das Handeln der Faschisten tatsächlich ideologisch gesteuert war, ob es sich bei dem Konglomerat politischer Ideen des Faschismus nicht eher um nachgelagerte Begründungen für eine jeweils vorausgehende Praxis handelte.

Für eine solche «praxeologische Definition» (Sven Reichardt) spricht besonders das politische Selbstverständnis, das Mussolini als Begründer des Faschismus ursprünglich von sich hatte. In einer frühen Rede verkündete er am 9.10.1919 unumwunden: «Wir Faschisten haben keine vorgefaßte Doktrin, unsere Doktrin ist die Tat.» Mit dieser aktionistischen Selbsteinschätzung wollte er sich sicherlich in erster Linie von dem sozialistischen Parteidenken absetzen, dem er selbst entstammte, dahinter steckte jedoch auch die aus dem Krieg kommende, sehr männliche Generationserfahrung, sich über eine vor allem durch Gewalt bestimmte Praxis selbst verwirklichen zu können. Inhaltliche Festlegungen vermied Mussolini daher bewußt. Auf einer Parteiversammlung in Cremona erklärte er am 5.9.1920 bezeichnenderweise, daß er «Reaktionär und Revolutionär je nach den Umständen» sei.

Und in seiner Aufbruchsrede für den ‹Marsch auf Rom› in Udine reduzierte er am 20.9.1922 sein politisches ‹Programm› auf die folgenden Sätze: «Unser Programm ist einfach: Wir wollen Italien regieren. Man fragt uns nach Programmen. Aber Programme gibt es schon zu viele. Es sind nicht die Rettungsprogramme, die Italien fehlen. Es sind die Männer und der Wille!» Mussolinis voluntaristische Grundeinstellung ließ es allenfalls zu, politische Feindbilder zu konstruieren: Ein Anti-Sozialismus und ein Anti-Kapitalismus waren in der Bewegungsphase für den Faschismus ebenso charakteristisch wie ein Anti-Liberalismus und ein Anti-Konservativismus. Das kam einer «Allfeindschaft» (Ernst Nolte) gleich, die es nahezu ausschloß, ein inhaltlich geschlossenes ideologisches Programm zu entwickeln.

Auch nach der Etablierung seiner faschistischen Herrschaft interessierten Mussolini ideologische Debatten letzten Endes nur in soweit, wie sie seine Stellung als ‹Duce del fascismo› tangierten. Zwar hatte er nach dem Übergang zur offenen Diktatur erkannt, daß es notwendig sei, dem Faschismus eine ‹positive› ideologische Perspektive zu geben. Er veröffentlichte deshalb 1932 in der «Enciclopedia Italiana» einen kurzen und ziemlich nichtssagenden Text, der später zusammen mit einem Text von Giovanni Gentile als «Dottrina del Fascismo» verbreitet und 1938 dem Statut des PNF vorangestellt wurde. In der faschistischen Propaganda spielte dieses nachgelagerte ideologische Programm gleichwohl keine große Rolle.

Anstatt einer einheitlichen Ideologie gab es im italienischen Faschismus eine Reihe von parallelen ideologischen Diskursen, deren jeweilige politische Verbindlichkeit wechselte, sich häufig auch gegenseitig ausschloß. Der extremistische Parteifaschismus lag so in ständigem ideologischen Konflikt mit dem monarchischen Staatsfaschismus der Nationalisten. Die faschistischen Universalisten rieben sich an den Ideologen, die den Faschismus als italienisches Alleinstellungsmerkmal propagierten. Den größten Raum nahm die ideologische Debatte ein, die über die Ausgestaltung des Korporativismus geführt wurde. Ihre Protagonisten stimmten darin überein, daß die Überwindung des Gegensatzes von Kapital und Arbeit und die damit verbundene Vorstellung einer ‹Aufhebung des Klassenkampfes› zum ideologischen Markenzeichen des Faschismus werden sollte. Über den Weg zum Korporativsystem bestand jedoch keine Übereinstimmung. Eine radikalkorporativistische Gruppe um den Sozialphilosophen Ugo Spirito plädierte für eine völlig neue Wirtschaftsordnung, in der an die Stelle des Privateigentums eine «Eigentümer-Korporation» treten sollte, die nicht nur die Arbeitsbeziehungen, sondern die gesamten Wirtschaftsbeziehungen institutionell regulierte. Diese radikale Richtung wurde jedoch 1932 auf einem Kongreß in Ferrara durch eine gemäßigt korporativistische Richtung ausgebremst, an deren Spitze sich der Korporationsminister Giuseppe Bottai setzte, der das Vertrauen Mussolinis hatte. Der faschistische Korporativismus strebte seitdem nicht mehr eine Transformation der kapitalistischen Eigentümergesellschaft an, sondern begnügte sich damit, die Arbeitsbeziehungen zwischen Arbeitern und Unternehmern staatlich zu kontrollieren.

Eine höhere Verbindlichkeit hatte das ideologische Konstrukt einer ‹Romanità fascista›. Mussolini instrumentalisierte kurz vor dem ‹Marsch auf Rom› in seiner programmatischen Rede von Udine am 21.9.1922 den Rom-Mythos, um die faschistischen Kohorten von ihrem Vorurteil gegenüber dem in ihren Augen nur korrupten Rom abzubringen. Er versprach, aus Rom «das pulsierende Zentrum, den lebendigen Geist des imperialen Italiens, von dem wir träumen», zu machen. Das Imperium der römischen Kaiserzeit diente ihm dabei als historische Legitimation für den Aufbau des faschistischen Imperiums. So wie die römischen Kaiser in der Antike von römischem Boden aus die halbe Welt erobert hatten, sollte der Faschismus zur römischen Imperialmacht aufsteigen. Zugleich ließ sich mit der Ideologie der ‹Romanità fascista› das persönliche Diktaturprogramm rechtfertigen, das Mussolini mit dem Aufbau des faschistischen Staates verband: Nur ein autoritär geführter Staat konnte in seinen Augen das imperiale Wiederaufbauprogramm bewerkstelligen, das der faschistische Staat betreiben wollte.

Um zu demonstrieren, daß es sich bei den sich nach dem ‹Marsch auf Rom› häufenden geschichtspolitischen Bezugnahmen auf Rom nicht nur um voluntaristische Absichtserklärungen handelte, ging Mussolini entschlossen daran, die Stadt Rom für alle sichtbar umzubauen. Die Rom-Ideologie schlug sich von 1925 an in einer ununterbrochenen Serie von Eingriffen in die mittelalterliche und neuzeitliche Bausubstanz der Stadt nieder, die das Ziel hatten, die kaiserlichen Bauruinen des antiken Roms von allen späteren Überbauungen zu befreien und mit faschistischen Neubauten zu ummanteln. Mit diesem hochideologisierten Bauprogramm verband das faschistische Regime den Rückgriff auf zahlreiche politische Erinnerungstage der Antike, von Sullas und Caesars ‹Marsch auf Rom› bis hin zum mythischen Gründungstag Roms am 21. April, der zum staatlichen Feiertag erhoben wurde. Auch die Adaption des Titels ‹Duce› oder die Erhebung der die Amtsgewalt der republikanischen Liktoren symbolisierenden ‹Fasces› zum politischen Symbol des Faschismus waren der Rom-Ideologie geschuldet. Wenn eine Komponente des vielschichtigen ideologischen Konglomerats in der Regimephase des Faschismus eine höhere Verbindlichkeit hatte als andere, dann sicherlich die Rom-Ideologie. Gleichwohl ist festzuhalten, daß der Faschismus auch als Regime seinen aktionistischen Grundsätzen treu geblieben ist. Das faschistische Grundprinzip, «zuerst die Aktion, dann die ideologische Begründung» (Patrizia Dogliani), blieb insofern erhalten.

An die Stelle des inneren trat seit den dreißiger Jahren der äußere Feind: der Völkerbund, weil er den Italienern die Erweiterung ihres ‹Lebensraums› nicht gönnte, der ‹internationale Kommunismus›, der sich unter der Führung der Sowjetunion Spaniens zu bemächtigen drohte, sowie die USA, die sich dem Aufstieg der ‹jungen Völker› entgegenstellten. Als neuer ‹Feind› kam das ‹internationale Judentum› dazu. Dies wurde vom faschistischen Regime willkürlich für die vom Völkerbund gegen Italien wegen des Überfalls auf Abessinien verhängten Sanktionen verantwortlich gemacht. Der ursprünglich gegen Slawen und Afrikaner gerichtete faschistische Rassismus wurde dadurch antisemitisch aufgeladen. Das faschistische Italien, das bis dahin ein Zufluchtsort für aus Deutschland und anderen Ländern vertriebene Juden gewesen war, trat damit seit 1937 in die Reihe der antisemitischen Verfolgerstaaten Europas ein.

Es war allerdings eine italienische Besonderheit, daß die ‹Rassenfrage› im Faschismus nicht über die Juden, sondern die Afrikaner aufkam. Die Araber und die Afrikaner im abessinischen Vielvölkerstaat wurden von faschistischen Ideologen schon bei ihrer militärischen Unterwerfung als ‹minderwertige Rassen› angesehen. Im Zuge der Besatzungsherrschaft entstand seit 1936 das Problem, das mehrere Hunderttausend italienische Soldaten für längere Zeit ohne Frauen und Familie im Land bleiben mußten. Um eine ‹Vermischung› mit den ‹arischen› Italienern zu verhindern, wurden sexuelle Kontakte mit einheimischen Frauen vom Regime verboten, nachdem anfangs sogar mit dem Versprechen exotischer Erotik um Freiwillige für den Abessinienkrieg geworben worden war. Die ständig wiederholten Kontaktverbote wurden jedoch massenhaft umgangen, vor allem Offiziere nahmen sich einheimische Nebenfrauen, eine Gewohnheit, die vom Regime als ‹madamismo› (abgeleitet von ‹madama›) bezeichnet und als Rassenschande angeprangert wurde.

Die Besatzungserfahrungen in Abessinien waren der Anlaß für die Ausformulierung eines rassenideologischen Programms, das zunächst nur Afrikaner, dann jedoch auch Juden betraf. Erstmals wurde dies am 14.7.1938 in einem anonymen, aber wahrscheinlich von Mussolini persönlich stammenden ‹Manifest› verkündet, das Afrikaner und Juden auf der Basis eines «rein biologischen Konzepts» als «außereuropäische Rassen» bezeichnete und von der «rein italienischen Rasse» unterschied. Diese Marginalisierung der ‹Anderen› zielte auf die Festigung der kollektiven Massenloyalität der Italiener, die über die Konstruktion eines neuen Feindbildes eine besondere faschistische Identität erhalten sollten.

Die rassenantisemitisch begründete Verfolgung der Juden begann mit der Einrichtung des Büros zum Studium des Rassenproblems (Ufficio degli studi del problema della razza) im Ministerium für Volkskultur, das unter der Führung von Guido Landra zum geistigen Zentrum des italienischen Antisemitismus werden sollte. Die praktische Umsetzung der antisemitischen Politik oblag der am 17.7.1938 eingerichteten Generaldirektion für Demographie und Rasse (Direzione generale per la demografia e razza) im Innenministerium, das im wesentlichen von dem Staatssekretär Guido Buffarini-Guidi gesteuert wurde. Mit der statistischen Erfassung aller in Italien lebenden Juden bahnte die ‹Demorazza› den Weg für die gezielte Diskriminierung der Juden in Italien.

Die konkrete antisemitische Gesetzgebung begann im Herbst 1938 und steigerte sich in den Folgejahren zu einer sich immer weiter verschärfenden Serie von Maßnahmen, die vom Regime als ‹leggi razziali› zusammengefaßt wurden. Dieser «exklusionäre Antisemitismus» (Frauke Wildvang) führte allmählich zu einem schließlich vollständigen Ausschluß der etwa 40 000 italienischen Juden aus der Mehrheitsgesellschaft und ihrer Abdrängung in eine diskriminierte Parallelgesellschaft, ein Prozeß, der von ihnen als besonders traumatisch empfunden wurde, weil sie in kaum einem anderen europäischen Land so gut integriert gewesen waren wie in Italien.

Am härtesten traf es die staatlich Beschäftigten und in der Ausbildung befindlichen Jugendlichen. Am 2.9.1938 wurden alle jüdischen Schüler und Studenten von Schulen, Universitäten und Akademien ausgeschlossen. Drei Tage später verloren etwa 600 jüdische Lehrer und etwa 390 Lehrende an Universitäten ihren Arbeitsplatz. Die fatalsten Auswirkungen hatten die gesetzlichen «Maßnahmen zur Verteidigung der italienischen Rasse», welche am 17.9.1938 Juden aus dem gesamten Staatsapparat ausschlossen. Tausende von jüdischen Beamten, öffentlichen Angestellten und Militärangehörigen, aber auch Bank- und Versicherungsangestellten verloren dadurch ihren Arbeitsplatz. Am 21.11.1938 wurde auch der Ausschluß von Juden aus dem PNF verfügt.

Nach dem Ausschluß aus dem Staatsapparat begann die Verdrängung der Juden aus dem Wirtschaftsleben. Firmen in jüdischem Eigentum, die mehr als 100 Beschäftigte hatten oder der nationalen Verteidigung dienten, wurden durch ein Gesetz vom 9.2.1939 in Staatseigentum überführt, sofern die jüdischen Eigentümer nicht, was notgedrungen oft der Fall war, ihre Firmenanteile an Nichtjuden veräußerten. Der größte Teil der jüdischen Unternehmer wurde auf diese Weise vollständig enteignet, ohne daß dem faschistischen Staat durch ihre Verdrängung volkswirtschaftliche Einbußen entstanden. Am 29.6.1939 erhielten schließlich alle jüdischen Angehörigen von freien Berufen wie Ärzte, Rechtsanwälte oder Architekten praktisch ein Berufsverbot, indem sie aus den korporativistischen Berufskammern ausgeschlossen wurden. Lediglich für andere Juden durften sie noch weiter praktizieren.

Der wirtschaftlichen Diskriminierung folgte die gesellschaftliche und kulturelle Ächtung der Juden. Auf diese Weise entstand schließlich ein ausgefeiltes Apartheidsystem, welches das jüdische Leben in einem schleichenden Prozeß von dem der Mehrheitsgesellschaft abtrennte. Giorgio Bassani hat die traumatisierenden Erfahrungen, welche die italienischen Juden unter der sich immer mehr radikalisierenden Verfolgungspraxis machten, in seinem hochpoetischen, zugleich aber höchst politischen Roman «Die Gärten der Finzi-Contini» am Beispiel Ferraras ebenso einfühlsam wie eindrucksvoll beschrieben.

Schließlich mußten viele italienische Juden seit dem Sommer 1942 auch Zwangsarbeit leisten. Damit sollten keine wirtschaftlichen Effekte erzielt werden, vielmehr handelte es sich in erster Linie um Maßnahmen, welche den Unmut, der sich in der Bevölkerung über die scheinbar privilegierten, weil nicht arbeitenden und keinen Kriegsdienst leistenden jüdischen Mitbürger bemerkenswerterweise angesammelt hatte, besänftigen sollten. Nicht zufällig wurden die römischen Juden mitten in der Stadt zu öffentlich gut sichtbaren Reparaturarbeiten an den Begrenzungsmauern des Tiber herangezogen. Es paßt in diesen Kontext, daß das faschistische Regime schließlich keine Bedenken hatte, die zur Zwangsarbeit verpflichteten Juden in neu eingerichtete Konzentrationslager einzuweisen, ein Vorhaben, das nur infolge des Sturzes von Mussolini am 25.7.1943 nicht mehr realisiert werden konnte.

Ungeachtet dieser schleichenden Entfremdung der Nichtjuden von den Juden ist jedoch zu betonen, daß es im faschistischen Italien, anders als in Deutschland und teilweise auch in Japan, nie zu einem angewandten Rassismus mit medizinischen Versuchen am Menschen, Zwangssterilisationen, Euthanasie und biologisch begründetem Massenmord gekommen ist. Der Faschismus wollte die Juden wieder ins Ghetto zurückdrängen, nicht aber als solche vernichten.

Wie in anderen Diktaturregimen des 20. Jahrhunderts war auch im Faschismus schließlich von der Schaffung eines ‹neuen Menschen› die Rede. Dieser faschistische Mensch sollte ursprünglich durch politische Umerziehung und Charakterschulung der Italiener geschaffen werden, weshalb die Faschisierung der Schulen und Universitäten nach der Schulreform von 1923 energisch vorangetrieben wurde. Wodurch der Zukunftsmensch allerdings charakterisiert sein sollte, ist nie eindeutig definiert worden, geschweige denn, daß dies Projekt in die Praxis umgesetzt worden wäre. Zu Beginn der dreißiger Jahre schälte sich lediglich heraus, daß der neue faschistische Mensch vor allem mit der bürgerlichen Mentalität des Individualismus, des Gewinnstrebens und des Pazifismus brechen sollte. Er sollte sich bedingungslos in die Gemeinschaft einordnen (inquadrare) und als Kämpfer (Combattante) auf den als unvermeidlich angesehenen Krieg vorbereiten. Das ideologische Konstrukt eines ‹neuen Menschen› diente damit vor allem dazu, die Italiener für den Krieg zu mobilisieren.

Organisation der Massen: Der Mythos vom ‹Duce› Es war nur konsequent, daß Mussolini die Partei 1932 zum zehnten Jahrestag des ‹Marschs auf Rom› für Beitrittswillige öffnen ließ und dem neuen Parteisekretär Achille Starace (1931–1939) den Auftrag gab, den PNF zu einer Massenpartei umzuformen. Da die Macht der faschistischen Provinzführer gebrochen war und diese ihre politische Autonomie verloren hatten, drohte von seiten des PNF für Mussolini keine Gefahr mehr. Die seit 1925 sukzessive disziplinierte und von subversiven Kadern gesäuberte Partei hatte kaum noch ein politisches Gewicht. Nur über eine allgegenwärtige Massenpartei glaubte der ‹Duce› jedoch seine persönliche Herrschaft weiterhin ausüben zu können.

Starace erfüllte seinen Auftrag in sklavischer Ergebenheit und blähte den PNF zu einem gigantischen, zugleich aber hochdifferenzierten Apparat auf. Sein Ziel war die vollständige Faschisierung der italienischen Bevölkerung, ein totalitäres Projekt, das er tatsächlich auch in hohem Maße in die Tat umgesetzt hat. Wie Patrizia Dogliani errechnet hat, war 1939 «etwa die Hälfte der Einwohner der Halbinsel» in irgendeiner Weise faschistisch organisiert. Das war ein enorm hoher Prozentsatz, der es als fragwürdig erscheinen läßt, mit Renzo De Felice von einer politischen Liquidierung der faschistischen Partei zu sprechen. Der PNF war vielmehr seit den dreißiger Jahren im faschistischen Diktatursystem in hohem Maße ein Instrument zur politischen Kontrolle der italienischen Gesellschaft.

Der PNF erhielt eine vielstufig hierarchisierte Führungsstruktur. Die Uniformierung der Parteimitglieder mit Stiefeln, dem Schwarzhemd und einem stilisierten Fascio als symbolischem Erkennungszeichen wurde vereinheitlicht. Dasselbe galt für Initiationsrituale wie den sogenannten römischen Gruß mit der erhobenen rechten Hand und den durch den Ausruf «Presente!» artikulierten Unterwerfungsgestus gegenüber den ‹Führern›. Die Parteimitglieder wurden in einen Zustand ständiger Mobilisierung versetzt. Am ‹faschistischen Samstag› (Sabato fascista) war jeder aufgerufen, sich in seiner örtlichen Sektion am Parteileben zu beteiligen. Regelmäßige Präsenz wurde auch an den faschistischen Festtagen, dem 23.3. (Gründungstag des PNF 1919), dem 21.4. (mythischer Gründungstag Roms) und 28.10. (Tag des ‹Marschs auf Rom› 1922), erwartet. Die Parteimitglieder wurden zu Parteisoldaten, die vorzugsweise in schwarzen Marschkolonnen auftraten.

Die faschistische Miliz (MVSN) differenzierte sich immer weiter aus, so daß es schließlich z. B. eine Hafenmiliz, eine Eisenbahnmiliz oder eine Forstmiliz gab. In dem im Zweiten Weltkrieg sich ausbreitenden System von Verbannungskolonien und Konzentrationslagern fungierte die faschistische Miliz als Bewachungspersonal. Nach der Vorstellung der faschistischen Führung sollte die Miliz auch in Konkurrenz zur regulären Truppe treten und ein «regelrechtes Heer in Schwarzhemden» (Patrizia Dogliani) bilden. Einheiten der Miliz wurden deshalb nach Libyen, in den Abessinienkrieg und vor allem auch in den spanischen Bürgerkrieg geschickt, wo sie sich als Weltanschauungstruppe im Kampf gegen den ‹Bolschewismus› bewähren sollten. Schlechte militärische Ausbildung, eine mangelhafte Ausrüstung und die unzureichende Zusammenarbeit mit den Einheiten des regulären Heeres führten jedoch dazu, daß die faschistischen Milizeinheiten in diesen Kriegen entgegen einer martialischen Rhetorik ziemlich jämmerlich versagten.

Schon frühzeitig lag der Parteiführung daran, die Jugend zu faschisieren, um auf diese Weise den ‹revolutionären› Charakter der faschistischen Bewegung zu erhalten. Nach mehrfachen Umorganisationen wurde 1937 eine einheitliche faschistische Jugendorganisation, die Gioventù Italiana del Littorio (GIL), geschaffen, welche die männliche Jugend vom sechsten bis zum 21. Lebensjahr nach Altersgruppen gegliedert erfaßte, ohne allerdings jemals eine Zwangsmitgliedschaft einzuführen. Einheitliche Uniformen und ein hierarchisches Führungssystem, Fahnenweihen und Aufmärsche am ‹faschistischen Samstag›, aber auch sportliche und gymnastische Übungen verweisen darauf, daß die Faschisierung der Jugend vor allem der vormilitärischen Ausbildung dienen sollte.

Seinem Selbstverständnis nach war der PNF eine Partei der Männer, womit er sich freilich nicht wesentlich von anderen zeitgenössischen Parteien, mit Ausnahme der sozialistischen, unterschied. Mussolini war von der natürlich bedingten Inferiorität der Frauen überzeugt und hielt sie deshalb für politikunfähig. Um so bemerkenswerter ist es, daß der Faschismus sich gleichwohl darum bemühte, auch Frauen in der Partei zu organisieren. In der GIL wurde parallel zu den Jungen auch eine in Altersgruppen unterteilte Mädchenorganisation aufgebaut. Schon vor dem Marsch auf Rom gab es auch Fasci Femminili, die zunächst nur Hilfsdienste für die ausschließlich männlichen Squadre zu leisten hatten. Erst als das Regime Anfang der dreißiger Jahre die Notwendigkeit erkannte, den politischen Massenkonsens zu organisieren, fanden die Fasci Femminili bei der Parteiführung, besonders dem Generalsekretär Starace stärkeres Interesse. Die Aktivistinnen der weiblichen Parteiorganisation erhielten größere Handlungsspielräume und konnten sich vor allem im Freizeitbereich des ‹Dopolavoro› und im Sport betätigen.

Die Masse der in den Fasci Femminili organisierten jungen Frauen wurde jedoch lediglich zur faschistischen Konsensstiftung benötigt. In uniformierten Massenaufmärschen und organisierten Freizeitaktivitäten hatten sie ihre kollektive Identität mit dem faschistischen Regime zu demonstrieren. Angesichts der zunehmenden Militarisierung der italienischen Gesellschaft trugen die Fasci Femminili damit aber dazu bei, auch die weibliche Bevölkerung Italiens auf Krieg, Imperialismus und Rassendiskriminierung einzustimmen. An der Realität des «faschistischen Patriarchats» (Victoria De Grazia) änderte sich durch die öffentlichen Auftritte der im PNF organisierten Frauen jedoch wenig. Die Frauen blieben im Faschismus auf Familie, Mutterschaft und Kindererziehung festgelegt, es war erst ihr Einsatz an der Heimatfront während des Zweiten Weltkrieges und der Widerstand gegen die deutsche Besetzung, der die italienischen Frauen politisch stärker mobilisierte.

Die Umformung der faschistischen Partei wurde in den dreißiger Jahren von einer propagandistischen Idolisierung Mussolinis als ‹Duce del fascismo› begleitet. Dem lag die Konstruktion eines modernen Mythos zugrunde, der die Führerherrschaft Mussolinis charismatisch überhöhen sollte. Diese «Fabbrica del Duce» (Dino Bondi) machte Mussolini im faschistischen Italien optisch allgegenwärtig. Auf Briefmarken, Münzen, Medaillen, Siegeln und Stempeln, auf amtlichen Verlautbarungen, in Zeitungen und Zeitschriften, auf Maueranschlägen und auf Spruchbändern wurde sein Konterfei oder sein Name millionenfach verbreitet. Starace sorgte dafür, daß ‹DUCE› in offiziellen Texten nur noch in Majuskeln geschrieben werden durfte. Das Mussolinis Namen symbolisierende große ‹M› wurde in der Graphik, in der Architektur und in der Massenchoreographie vielfältig verwendet. In besonderer Weise diente die fotografische Repräsentation Mussolinis der Verbreitung des Führermythos. Der ‹Duce› ließ sich in zahllosen Berufsrollen und Sportlerposen fotografieren. Ob als Landarbeiter bei der Weizenernte, als Bergmann, als Hafenarbeiter oder als Maurer mit der Spitzhacke, Mussolini schien jedermann zu sein und doch niemand. Die gleiche Wirkung hatte es, wenn er als Rennfahrer, als Tennisspieler, als Schwimmer, als Reiter oder als Skifahrer abgelichtet wurde. Hinter dem vielfältigen Bild des Alleskönners verschwand das eigentliche menschliche Original. Mussolini wurde den Italienern nicht als Mensch von Fleisch und Blut nähergebracht, sondern als omnipräsenter Übermensch.

Mussolini schlüpfte als ‹Duce› nicht nur in Kleiderrollen, sondern spielte auch seinen Körper aus. Dieser Körperkult sollte ihn als ewigjugendlichen Kraftmensch, der scheinbar nicht zu altern schien, von allen anderen Menschen abheben. Anders als im Falle Hitlers wurde sein Geburtstag deshalb auch nicht offiziell gefeiert. Schon der Verzicht auf jede Art von Bart war in Italien ungewöhnlich, erst recht war dies der kahle Schädel, den Mussolini sich rasieren ließ, als sich sein Haupthaar lichtete. Demonstrativ ließ er sich auch mit nacktem Oberkörper fotografieren, so etwa bei der Ernte im Agro Pontino, im Schnee beim Skifahren oder sogar beim Treffen mit dem österreichischen Bundeskanzler Dollfuß am Strand von Riccione. Die penetrante Demonstration von Virilität ließ sich freilich nur so lange aufrechterhalten wie sein alternder Körper dies zuließ. Seit Ende der dreißiger Jahre gab es deshalb keine entsprechenden Fotos von Mussolini mehr. Noch wichtiger als die ikonographischen Inszenierungen waren für den Führerkult die Reden, mit denen Mussolini sich an die Massen wandte. 64 Mal hat er sich zwischen 1929 und 1943 allein vom Balkon des Palazzo Venezia aus an die Italiener gewandt. Er erreichte damit nicht nur die Menschen, die sich jeweils auf der Piazza Venezia versammelten, sondern er inszenierte seine Reden so, daß sie gleichzeitig in ganz Italien gehört werden konnten. Dafür nutzte er die neuen technischen Möglichkeiten des Radios. In staatlichen Gebäuden wie Schulen, aber auch in Restaurants und Kaffeehäusern waren die Reden Mussolinis bei politischen Großereignissen zu hören. Die Ankündigung des faschistischen Überfalls auf Abessinien (2.10.1935), die Ausrufung der ‹Achse Rom-Berlin› (1.11.1936), die Reden anläßlich des Hitlerbesuches (2.–10.5.1938) oder die Ankündigung des Kriegseintritts Italiens (10.6.1940) wurden auf diese Weise simultan in ganz Italien übertragen. Es waren dies die Höhepunkte seiner charismatisch vermittelten Führerherrschaft, in denen die Einheit von ‹Führer› und ‹Volk› sozusagen akustisch hergestellt zu sein schien.

Das faschistische Regime als Kriegsstaat 1935–1939   In den Augen von Mussolini war es die wichtigste Funktion der faschistischen Massenpartei, die Bevölkerung auf den Krieg vorzubereiten. Der Faschismus war als Regime ein Gewaltregime, das seine Legitimation aus der permanenten Mobilisierung für den Krieg zog. Das entsprach der Eigenlogik des faschistischen Ursprungs, der durch die kollektive Gewaltanwendung gegen politische Gegner gekennzeichnet war. Nach der Ausschaltung aller politischen Gegner in Italien konnte sich die faschistische Gewaltpolitik nur nach außen richten. Der Angriffskrieg war insofern nichts anderes als die Fortsetzung des Bürgerkriegs mit anderen Mitteln. Mussolini spekulierte mit Erfolg darauf, daß die Erzeugung von Kriegsbereitschaft den Konsens zu seiner charismatisch vermittelten Herrschaft als ‹Duce del fascismo› stabilisieren würde. Die «Kriege Mussolinis» (Giorgio Rochat) waren insofern immer auch innenpolitisch motivierte Kriege.

Als zentral muß in dieser Perspektive der am 2.10.1935 ausgelöste militärische Überfall auf den ostafrikanischen Kaiserstaat Abessinien angesehen werden. Lange Zeit in seiner historischen Bedeutung verkannt und als ‹letzter Kolonialkrieg› verharmlost, gilt der faschistische Überfall heute als «erster faschistischer Vernichtungskrieg» (Aram Mattioli). Anders als die klassischen Kolonialkriege vor 1914, die in der Regel unter der Führung von nur wenigen europäischen Offizieren im wesentlichen von eingeborenen Soldaten (Askari) getragen wurden, mußte Mussolini ein Massenheer von in der Spitze über 500 000 Soldaten nach Abessinien schicken. Das faschistische Interventionsheer war mit Panzern und Flugzeugen ausgerüstet und wurde generalstabsmäßig geführt. Die Kriegführung zielte schließlich nicht bloß auf die militärische Niederwerfung, sondern mit der Deportation von Kriegsgefangenen nach Italien, mit flächendeckenden Gasangriffen aus der Luft, mit der Zerstörung eroberter Siedlungen und der Zwangseinweisung der Zivilbevölkerung in todbringende Konzentrationslager auf die weitgehende Vernichtung des Gegners. Der Krieg wurde zudem niemals beendet, ein anhaltender Partisanenkrieg hielt die italienischen Besatzer bis zu ihrem Rückzug 1941 in Atem. Nur mit einer rigiden Repressionspolitik ließ sich das gewaltsam usurpierte Kaisertum des italienischen Königs in Abessinien überhaupt halten.

Welche Bedeutung der Abessinienkrieg für die Stabilisierung von Mussolinis Diktaturherrschaft hatte, läßt sich auch daran ablesen, daß er frühzeitig mit einem bis dahin unbekannten Propagandaaufwand vorbereitet wurde. Das Ziel war die «mentale Militarisierung der Bevölkerung» (Petra Terhoeven). Der Krieg sollte den Italienern den bellizistischen Charakter geben, der wiederum die Voraussetzung für weitere faschistische Kriege sein sollte. Die Propaganda für den militärischen Überfall auf Abessinien wurde zentral durch das Presse- und Propagandaamt (Ufficio di stampa e propaganda) gesteuert, das im Juni 1935 nach deutschem Vorbild zu einem eigenen Ministerium umgewandelt wurde. Es bildete eine «gewaltige Konsensmaschine» (Angelo Del Boca), die über die Zustimmung zu der militärischen Aggression die Massenloyalität zu Mussolinis Diktatur erzwingen sollte. Spektakulärer Höhepunkt dieser Kampagne war die organisierte Opferung der Eheringe für den Krieg am 18.12.1935, dem «Tag des Traurings» (Giornata della fede), der als die größte «Einverständniserklärung mit dem Faschismus» (Petra Terhoeven) angesehen werden muß. Tatsächlich konnte sich der ‹Duce› ausgerechnet während des barbarischen afrikanischen Krieges der höchsten Zustimmung der Italiener erfreuen, wobei der Vernichtungscharakter dieses Krieges der Bevölkerung freilich weitgehend verborgen blieb.

Am meisten half Mussolini bei seiner Kriegspropaganda, daß der Völkerbund sich nach dem italienischen Überfall erstmals zu politischen Sanktionen aufraffte. Deren faktische Wirkung auf Italien blieb zwar begrenzt, da sich u. a. Ungarn, Österreich und vor allem das dem Völkerbund nicht mehr angehörende Deutschland nicht an die Boykottaufrufe hielten. Dem faschistischen Regime lieferten sie jedoch die unschätzbare propagandistische Waffe in die Hand, die angeblich «schändlichen Sanktionen» (Sanzioni inique) anprangern und das für die völkerrechtswidrige militärische Aggression verantwortliche Italien zum ‹Opfer› stilisieren zu können. Schon vor dem fragwürdigen Ende des Abessinienkrieges, das am 9.5.1936 mit der Ausrufung des «Impero Fascista» und der Erhebung König Viktor Emanuel III. zum «Imperatore» von Mussolini offiziell verkündet wurde, sprach der ‹Duce› sich für einen baldigen neuen Krieg aus, ohne sich allerdings genau festzulegen.

Nur wenige Monate später ergab sich für ihn jedoch unverhofft die Gelegenheit, die militärische Leistungsfähigkeit des faschistischen Regimes erneut unter Beweis zu stellen. Der Militärputsch nationalistischer Offiziere in Spanien gegen die republikanische Linksregierung vom 17.7.1936 verleitete Mussolini, gedrängt auch von der die Ausbreitung des ‹Bolschewismus› fürchtenden katholischen Kirche, zur militärischen Intervention in den sich bald zuspitzenden Bürgerkrieg auf der Iberischen Halbinsel. Die italienische Intervention begann zunächst mit der Entsendung von Flugzeugen und Waffen, in rascher Steigerung erreichten die italienischen Interventionstruppen dann jedoch in der Spitze 73 000 Soldaten. Die Verluste waren mit 3819 offiziell bestätigten Gefallenen in absoluten Zahlen geringer als im Abessinienkrieg, aufgrund der sehr viel niedrigeren Zahl eingesetzter Soldaten jedoch prozentual gesehen sehr viel höher. Ein großer Teil davon kam überdies im März 1937 bei Guadalajara in einer einzigen Schlacht ums Leben, der ersten großen militärischen Niederlage, die der Faschismus bei seinen militärischen Abenteuern einstecken mußte. Daß diese auch noch überwiegend gegen antifaschistische italienische Freischärler erlitten wurde, während auf faschistischer Seite aufgrund ungenügender Ausbildung und Ausrüstung gerade die Milizeinheiten versagten, die als Parteisoldaten eigentlich die Avantgarde der neuen kriegerischen ‹Rasse› des Faschismus sein sollten, kam daher nicht nur einer militärischen, sondern auch einer politischen Katastrophe gleich.

Die Intervention in den spanischen Bürgerkrieg war der Auftakt zum sogenannten Achsenbündnis zwischen Italien und Deutschland. Wie das faschistische Italien intervenierte auch das nationalsozialistische Deutschland in Spanien militärisch. Beide Staaten verständigten sich am 25.10.1936 in einer geheimen

Übereinkunft über eine politische Zusammenarbeit in Spanien und unterliefen in gegenseitiger Abstimmung das vom Völkerbund erzwungene Nichtinterventionsabkommen. Deutschland erkannte außerdem die Annexion Abessiniens durch Italien an. Es war daher durchaus folgerichtig, daß Mussolini sich nach dieser außenpolitischen Verständigung offen zum politischen Zusammengehen mit Deutschland bekannte. Mit der für ihn charakteristischen Polittheatralik erfand er dafür die suggestive Formel der «Achse Rom-Berlin», die er am 1.11.1936 vor Hunderttausenden von Menschen auf dem Mailänder Domplatz ausrief.

Die Entstehung der ‹Achse Rom-Berlin› Der Annäherungsprozeß der beiden Achsenmächte wurde durch zwei in eigenartiger Weise ideologisch überhöhte, gerade aber deshalb besonders charakteristische Verträge besiegelt. Am 6.11.1937 trat Italien dem deutsch-japanischen Antikominternpakt vom 25.11.1936 mit seiner antibolschewistischen, aber letzten Endes zu nichts verpflichtenden Frontstellung bei, um Ende dieses Jahres dann auch aus dem Völkerbund auszutreten. Schließlich band sich das faschistische Italien in dem ominösen «Stahlpakt» vom 22.5.1939 militärisch auf das engste an das Deutsche Reich. Mussolini brillierte dabei erneut bei der Suche nach einem propagandistisch wirkungsvollen Schlagwort zur Bezeichnung der faschistischen Sonderbeziehungen. Ein «Blutpakt» (Patto di sangue) sollte es zunächst sein; da das aber allzu mißverständlich klang, sprach Mussolini schließlich von einem «Stahlpakt» (Patto di acciaio). Der «Mythos des Stahlpakts» (Jens Petersen) war ihm offensichtlich wichtiger als das Vertragsinstrument selbst. Nur so läßt sich erklären, daß der Vertrag auf seinen ausdrücklichen Wunsch hin als militärisches Offensivbündnis mit einer fast automatischen Bindewirkung angelegt war. Sein entsetzter Außenminister Galeazzo Ciano hatte, wie er in seinem Tagebuch festhielt, «noch nie einen ähnlichen Vertrag gelesen», er enthielt in seinen Augen «richtiges Dynamit».

Der außenpolitische Brückenschlag zwischen den beiden faschistischen Mächten hatte sich allerdings nicht in einem geradlinigen Prozeß vollzogen. Mussolini hatte Hitlers Machtergreifung am 30.1.1933 zwar zunächst überschwenglich begrüßt. «Hitlers Sieg ist auch unser Sieg», so kommentierte er bezeichnenderweise den Erfolg des ‹Führers›. Bereitwillig gab er nunmehr auch dem schon seit 1931 andauernden Drängen Hitlers nach und erklärte sich zu einem Treffen bereit, das am 14./15.6.1934 in Venedig stattfand. Hitlers äußerst unglücklicher Auftritt bestärkte Mussolini fälschlich in dem Glauben, den ‹Führer› in Schach halten zu können. Demonstrativ suchte der ‹Duce› deshalb dem österreichischen Bundeskanzler Engelbert Dollfuß durch mehrfache Einladungen nach Italien politisch den Rücken zu stärken. Um so größer war der Schock, als dieser am 25.7.1934 bei einem gescheiterten Staatsstreichversuch österreichischer Nationalsozialisten ermordet wurde. Obwohl Hitler abstritt, mit dieser Mordtat etwas zu tun zu haben, ging Mussolini demonstrativ auf Distanz. Im oberitalienischen Stresa traf er sich vom 11.–14.4.1935 mit dem britischen Premierminister und dem französischen Ministerpräsidenten, um sich diesen als politischer Bändiger Hitlers zu präsentieren. Da er seinen Gesprächspartnern bei dieser Gelegenheit jedoch seine schon weit fortgeschrittenen Pläne verschwieg, das Kaiserreich Abessinien zu überfallen, war die sogenannte Stresafront gegenüber Deutschland ebenso ein «Scheinerfolg» (Denis Mack Smith) wie das schon der sogenannte Viererpakt mit Frankreich, Großbritannien und Deutschland vom 7.6.1933 gewesen war.

Mit dem Überfall auf Abessinien mußte Mussolini aber seine vermeintliche Vermittlerrolle aufgeben. Die von England und Frankreich im Völkerbund gegen Italien durchgesetzten Sanktionen trieben ihn Hitler in die Arme. Wie wenig er seitdem Hitler noch entgegenzusetzen hatte, zeigte sich im März 1938 beim vom deutschen Diktator gewaltsam durchgesetzten ‹Anschluß› Österreichs an das Deutsche Reich. Hitlers Telegramm, in dem er am 13.3.1938 dem ‹Duce› mit dem pathetischen Satz «Mussolini, ich werde Ihnen dieses nie vergessen» dankte, konnte nur noch ein schwacher Trost dafür sein, daß der ‹Duce› die Protektion Österreichs um des Bündnisses mit dem deutschen Gesinnungsgenossen willen hatte aufgeben müssen.

Nur einmal noch düpierte der ‹Duce› den ‹Führer›, als er im sogenannten Münchner Abkommen vom 29.9.1938 einen Schein-
kompromiß vermittelte, der die sofortige Auflösung der Tsche-
choslowakei durch den Anschluß nur des ‹Sudetenlandes› an
Deutschland vorerst verhinderte, die ‹Resttschechei› aber kaum
noch lebensfähig machte. Es war das letzte Mal, daß sich Mussolini in der internationalen Politik den Anschein geben konnte,
zwischen den europäischen Westmächten und dem ‹Dritten
Reich› Hitlers eine Art Äquidistanz einzuhalten. Anders als mit
Frankreich und Großbritannien hatten das faschistische Italien
und das nationalsozialistische Deutschland keine sich überschnei-
denden territorialen oder imperialen Ansprüche mehr, nachdem
sich die beiden faschistischen Regime am 23.6.1939 auf ein Abkommen über Südtirol geeinigt hatten, das der deutschsprachigen und ladinischen Bevölkerung die ‹Option› eröffnete, sich bis
Ende des Jahres für eine Übersiedelung ins Deutsche Reich zu
entscheiden und diese innerhalb von drei Jahren zu realisieren.
Obwohl fast 90% der deutschsprachigen Südtiroler sich diese
‹Option› offenhielten, wurde sie am Ende nur von etwa 30% genutzt. Die deutschsprachige Minderheit hielt trotz aller Schika-
nen von seiten der Italiener an ihrer angestammten Heimat fest
und ließ sich auch nicht von nationalsozialistischen Agenten für
den Übertritt von der einen in die andere faschistische Diktatur
erwärmen.

Mit der politischen Verfestigung der ‹Achse› begann Mussolini von einer faschistischen Weltmachtrolle zu phantasieren.
Aus einer Reihe von geheimen Reden aus der Zeit von 1938 bis
1940 wissen wir, daß er in dieser Zeit ein atemberaubendes im-
perialistisches Parallelprogramm zu dem Hitlers entworfen hat.
Am wichtigsten war in diesem Zusammenhang die Rede vor
dem Gran Consiglio vom 4.2.1939. Der ‹Duce› stellte darin Italien als «Gefangenen am Mittelmeer» hin: «Die Riegel dieses
Gefängnisses sind Korsika, Tunesien, Malta und Zypern. Seine
Wächter sind Gibraltar und Suez.» In einer Art Stufenplan setzte
er der italienischen Politik zunächst das Ziel, diesen «Gefäng-
nisriegel aufzubrechen». In einem zweiten Schritt erhielt dies
imperialistische ‹Programm› dann durchaus eine weltpolitische

Dimension: «Vormarsch zum Ozean. Zu welchem Ozean? Zum Indischen Ozean durch den Sudan, der Libyen mit Abessinien verbindet; oder zum Atlantischen Ozean durch Französisch-Nordafrika? Im ersten wie im zweiten Fall stoßen wir auf englisch-französischen Widerstand. Es wäre sinnlos, die Lösung dieses Problems ohne Rückendeckung auf dem Kontinent anzupacken.» Und es folgt der entscheidende Satz: «Die Politik der Achse Rom-Berlin entspricht daher einer grundlegenden historischen Notwendigkeit.» Nicht anders als bei Hitler verband sich darin der utopische Wille zur «objektlosen Expansion» (Martin Broszat) mit durchaus realistischen Bündnisüberlegungen. Je mehr Mussolini von faschistischer Weltherrschaft träumte, desto mehr mußte er sich aus realpolitischen Gründen an die einzige Großmacht binden, die ihn dabei unterstützen konnte.

Die Vielfalt der ‹Achse› Lange dominierte in der Geschichtswissenschaft die Auffassung, daß die ‹Achse› von Anfang an mehr oder weniger nur auf dem Papier gestanden und sich zwischen den beiden faschistischen Diktaturen keine politische Gemeinsamkeit entwickelt habe. In der Tat gab es zwischen den Achsenmächten manches Mißtrauen und vielfältige Rivalitäten, die häufig nationalen Vorurteilen entsprangen, wie sie auch sonst in den Völkerbeziehungen die Regel waren. Nicht diese waren jedoch im Achsenbündnis dominant, sondern eine ungewöhnlich intensive transnationale Zusammenarbeit in den verschiedensten Bereichen.

Zunächst einmal handelte es sich bei der ‹Achse› um keinen Bündnisvertrag, ja nicht einmal um eine diplomatische Vereinbarung. Mussolinis Vision einer ‹Achse Rom-Berlin› entsprang seiner einseitigen Willenserklärung. Der ‹Duce› wollte durch die Beschwörung einer stabilen politischen Zusammenarbeit mit dem nationalsozialistischen Deutschland einer ‹Neuen Europäischen Ordnung› unter italienisch-deutscher Führung den Weg bereiten. Die ‹Achse Rom-Berlin› kann daher nicht allein unter bündnispolitischen Erwägungen abgehandelt werden, sie war zugleich weniger und mehr als ein ‹Bündnis› zwischen zwei souveränen Staaten. Da ihr anfänglich kein förmlicher Vertrag zugrunde lag, hatte sie zunächst eigentlich keine völkerrechtliche Qualität. Da sie aber mehr als ein bloßer diplomatischer Vertrag sein sollte, bestand sie in der historischen Realität aus einem vielfältigen transnationalen Beziehungsgeflecht, das weit über eine diplomatische Normalität hinausging und zwischen Italien und Deutschland so intensive Verbindungen herstellte, wie sie das faschistische Regime sonst mit keinem anderen Land auch nur ansatzweise hatte.

Die ‹Achse› war damit durchaus ein stabilisierender Faktor des italienischen Faschismus. Entgegen der verbreiteten, aber kaum zu belegenden Ansicht, daß die Herstellung der ‹Achse› den Untergang des Faschismus herbeigeführt habe, kann man sogar die Auffassung vertreten, daß Mussolinis Diktaturregime früher zusammengebrochen wäre, wenn es sich nicht an das geistesverwandte NS-Regime in Deutschland angeschlossen hätte. Da die faschistische Diktatur Mussolinis schon vor der Entstehung der ‹Achse› bedingungslos auf Krieg angelegt war und in jedem Fall nicht ohne weitere militärische Aggressionen auskommen konnte, wäre sie, wie das jeweils nur von den Deutschen verhinderte Fiasko in Libyen und in Griechenland zeigte, ohne die Bindung an das nationalsozialistische Regime aller Wahrscheinlichkeit nach schon früher militärisch kollabiert.

Es ist keine Frage, daß das persönliche Verhältnis zwischen Mussolini und Hitler für die Konstituierung und den Fortbestand der ‹Achse› eine entscheidende Rolle spielte. Die beiden Diktatoren repräsentierten mit ihrer eigenartigen Männerfreundschaft gewissermaßen persönlich die ‹Achse› der ‹Achse Rom-Berlin›. Das läßt sich schon daran ablesen, daß sie sich von ihrer ersten Begegnung in Venedig am 14./15.6.1934 bis zu ihrer letzten dramatischen Zusammenkunft unmittelbar nach dem Attentat auf Hitler am 20.7.1944 in der ‹Wolfsschanze› insgesamt 17 Mal getroffen haben, bei weitem häufiger als jeder von ihnen sonst mit ausländischen Staatsmännern Kontakt gehabt hat.

Das erste Treffen in Venedig wurde ganz eindeutig von Mussolini dominiert. Der ‹Duce› empfing den in einem zerknitterten Trenchcoat fast unterwürfig auftretenden ‹Führer› in einer martialischen Milizuniform und ließ ihn das offensichtliche Machtgefälle voll spüren. Ganz anders dann die gegenseitigen Staatsbesuche Mussolinis in Deutschland vom 25.–29.9.1937 und Hitlers in Italien vom 2.–5.5.1938. Wie die offiziösen Bilddokumentationen von Hitlers Exklusivfotograf Heinrich Hoffmann ausweisen, wurde durch zahllose fotografische Doppelportraits der Eindruck vermittelt, daß Mussolini und Hitler geradezu als faschistische Dioskuren auf politischer Augenhöhe miteinander umgingen. Es handelte sich bei den beiden für die damalige Zeit sensationellen Großereignissen nicht um bloße Staatsbesuche, sondern um mediale Inszenierungen bis dahin unbekannten Ausmaßes, welche die enge politische Verbundenheit der Achsenmächte demonstrativ zum Ausdruck bringen sollten. Mussolini sprach in seiner am 28.9.1937 auf dem Berliner Maifeld auf deutsch gehaltenen Rede bewußt nicht nur zu den anwesenden Massen, sondern beschwor die virtuelle Einheit von «115 Millionen Menschen» in Italien und Deutschland, die sich zu ihm und Hitler bekannten. Die Kundgebung war deshalb für ihn «keine Volksversammlung mehr, sondern eine Völkerkundgebung».

Bei Mussolinis Arbeitsbesuch in München nach der französischen Kapitulation behandelte Hitler seinen Gast am 18.6.1940 ebenfalls als ebenbürtig und präsentierte sich mit ihm entsprechend in der Öffentlichkeit. Auch die sorgfältig arrangierten Treffen auf der Paßhöhe des Brenner am 18.3.1940 und am 4.10.1940, bei denen die beiden Diktatoren in ihren Sonderzügen jeweils gleichzeitig in den Bahnhof einrollten, sollten der Öffentlichkeit erneut das Bild harmonischer Gleichrangigkeit vermitteln, obwohl sich schon eine deutliche Asymmetrie in ihren Beziehungen abzeichnete. Seit der improvisierten Begegnung in Florenz am 28.10.1940, die Hitler ultimativ gefordert hatte, war es jedoch mit dem schönen Schein ungetrübter Harmonie vorbei. Mussolini brüskierte Hitler schon am Bahnhof mit der Mitteilung, daß seine Truppen die Grenze zu Griechenland überschritten hätten.

Die nächste Begegnung auf Hitlers ‹Berghof› in Berchtesgaden am 19./20.1.1941 stand schon ganz im Zeichen der italienischen Niederlagen in Griechenland und in Nordafrika. Erstmals spielten sich die Vieraugengespräche zwischen den beiden Diktatoren nach dem Muster ab, das ihre Treffen künftig bestimmen sollte: ein deprimierter, aufgrund der ständigen militärischen Niederlagen zunehmend mutloser Mussolini ließ sich von Hitler moralisch aufrüsten. Da er einmal den Fehler gemacht hatte, seinen Deutschkenntnissen zu sehr zu trauen, mußte er sich in diesen ‹Gesprächen› ohne Dolmetscher meist stundenlange Tiraden Hitlers anhören. Er vergaß darüber regelmäßig, die Forderungen vorzubringen, die er mit seinen politischen und militärischen Vertrauten abgesprochen hatte.

Die Begegnungen seit 1941 wurden im übrigen in der Regel nicht mehr öffentlich inszeniert. Man traf sich im entlegenen salzburgischen Schloß Kleßheim am 29./30.4.1942, am 7.8.1943 und am 22./23.4.1944 ebenso unter Ausschluß der Öffentlichkeit wie im venezianischen Feltre am 19.7.1943. Erst recht wurden die drei Treffen in Hitlers ‹Wolfsschanze› im ostpreußischen Rastenburg vom 25.–29.10.1941, 14.–16.9.1943 und 20.7.1944 geheimgehalten. Die sich abzeichnende Niederlage der Achsenmächte eignete sich nicht mehr zur öffentlichen Glorifizierung der dafür verantwortlichen Diktatoren. Schon gar nicht wollte dazu passen, daß sich diese bei ihren Treffen in einem Bunker verkriechen mußten, der Mythos der ‹Achse› blieb dadurch nach außen hin gewahrt.

Vor diesem Hintergrund wird auch verständlich, daß sich das Geflecht von transnationalen Beziehungen, das Italien mit Deutschland verband, in der Kriegszeit zwar lockerte, aber im Kern bis zum Sturz Mussolinis am 25.7.1943 erhalten blieb. Mit keinem anderen Land unterhielt das faschistische Italien auch nur entfernt so intensive Beziehungen wie mit dem nationalsozialistischen Deutschland! Die ‹Achse› hatte deshalb in erstaunlichem Umfang eine reale Bedeutung.

Die Beziehungen zwischen den beiden faschistischen Diktaturen hatten zunächst einen schlechten Start. Nach der Ermordung von Engelbert Dollfuß trat eine Funkstille ein, die erst nach zwei Jahren endgültig wieder behoben war. Schon lange vor der Ausrufung der ‹Achse Rom-Berlin› am 1.11.1936 bemühten sich aber beide Seiten um eine «Revitalisierung der Beziehungen»

(Hans Woller). Von 1937 an gab es eine sich bis weit in den Krieg hinein steigernde gegenseitige Besuchsdiplomatie hoher Parteiführer und Minister, die im diplomatischen Betrieb der Zeit nicht ihresgleichen hatte. Nahezu alle hohen NS-Führer waren bis 1943 mindestens einmal in Italien, Göring allein 13 Mal. Höhepunkt dieser faschistischen Achsendiplomatie war zum 15. Jahrestag des ‹Marschs auf Rom› am 28.10.1937 der Besuch einer von Rudolf Heß geführten Parteidelegation in Rom, der mehrere Gauleiter (u. a. Julius Streicher) angehörten. Ein Besuch einer großen faschistischen Delegation auf dem Parteitag der NSDAP in Nürnberg unter der Leitung Giuseppe Bastianinis war dem im September 1937 vorausgegangen. In einer im römischen Staatsarchiv erhaltenen Liste über die «politische Aktivität der Achse» werden allein für die Zeit von April bis Oktober 1939 32 Begegnungen zwischen hohen Partei- und Regierungsvertretern aufgelistet.

Die faschistischen Spitzenbegegnungen wurden durch Treffen auf unteren Parteiebenen und vor allem auch einen Austausch der Parteijugend ergänzt. Spektakuläre Höhepunkte dieser faschistischen Jugendbegegnungen waren der von Baldur von Schirach und seinem italienischen Gegenpart Renato Ricci organisierte Besuch von etwa 500 Hitlerjungen in Rom im September 1936, der Auftritt von 1300 faschistischen Sportstudenten in Berlin im Juni 1937 und der wechselseitige Besuch von jeweils 450 Mitgliedern der Parteijugend in Deutschland und Italien im Juli/August 1937.

Am engsten gestalteten sich die Beziehungen des faschistischen Italien mit Deutschland außerhalb der Parteibeziehungen auf dem Gebiet der Wirtschaft. In einem regulierten Außenhandelssystem auf Clearingbasis rückten beide Länder beim jeweils anderen an die erste Stelle des Warenaustausches. Während die Italiener neben Lebensmitteln vor allem Arbeitskräfte exportierten, standen die Deutschen in erster Linie mit Kohlelieferungen für die italienische Energieversorgung gerade. Aufgrund eines bilateralen Abkommens vom Juli 1937 wurden von 1938 bis 1943 fast 500 000 italienische Arbeiter als «Kameraden der Arbeit» (Brunello Mantelli) nach Deutschland vermittelt, seit 1941

allerdings de facto zwangsrekrutiert. Sehr eng war auch die Zusammenarbeit der beiden Achsenmächte auf sozialpolitischem
Gebiet, etwa bei der vom Faschismus erfundenen und von den
Deutschen mit der Organisation ‹Kraft durch Freude› nach-
geahmten organisierten Freizeitpolitik des ‹Dopolavoro›, aber
auch im Rahmen des vom Völkerbund eingerichteten Internationalen Arbeitsamtes in Genf. Es gelang den Vertretern der
Achsenmächte, die Arbeit dieser Organisation in konzertierter
Aktion mehr oder weniger lahmzulegen. Unter der Parole «gemeinsam gegen Genf» (Daniela Liebscher) arbeitete man von
1936 bis 1939, ungeachtet aller gegenseitigen Rivalitäten, eng
zusammen.

Weniger bekannt ist, daß auch die faschistischen Sportkontakte
erstaunlich intensiv waren. Trotz aller für den Sport charakteristischen Rivalitäten häuften sich bis weit in den Krieg hinein die
italienisch-deutschen Sportereignisse vor allem in populären
Sportarten wie Fußball, Turnen oder Boxen. Besonders bemer-
kenswert war, daß Italien und Deutschland im Internationalen
Olympischen Komitee eng zusammenarbeiteten. Nachdem
Deutschland noch während der Zeit der Weimarer Republik für
1936 den Zuschlag für die Olympischen Spiele in Berlin erhalten
hatte, setzten die Achsenmächte in enger Kooperation mit Japan
die Vergabe der Olympischen Spiele für 1940 nach Rom und für
1944 nach Tokio durch, ein Erfolg, der zwar im Zweiten Weltkrieg nicht in die Tat umgesetzt, aber bekanntlich 1960 und 1964
realisiert werden konnte.

Wie gut die Kooperation zwischen den Achsenmächten funk-
tionierte, belegt auch das Polizeiabkommen, das von den beiden
politischen Polizeichefs Arturo Bocchini und Heinrich Himmler
schon am 1.4.1936 in Berlin abgeschlossen wurde. Die hoch-
ideologisierte Vereinbarung sollte den gemeinsamen Kampf gegen den ‹Bolschewismus› verstärken und der Ausgangspunkt für
eine internationale faschistische Polizeifront werden. In der Praxis ließen sich zwar die Überwachungs- und Verfolgungsmaß-
nahmen nicht so leicht vereinheitlichen, das Abkommen führte
die beiden Regime jedoch zu enger Zusammenarbeit. Himmler
war bezeichnenderweise zwischen 1937 und 1943 häufig in Ita-

lien, um die Zusammenarbeit auszubauen. Er war auch an der faschistischen Siedlungspolitik in Libyen und Abessinien interessiert, um Erkenntnisse für eine künftige deutsche Lebensraumpolitik im Osten zu erhalten.

Häufig wird schließlich darauf verwiesen, daß sich in den kulturellen Beziehungen nur wenig Gemeinsamkeiten ergeben hätten. Das ist jedoch nur teilweise zutreffend. Musiker wie Wilhelm Kempff, Richard Strauß oder Wilhelm Furtwängler traten häufig in Italien auf, der Opernstar Beniamino Gigli ließ sich auf der anderen Seite noch am 10.8.1942 in Berlin feiern. Auch auf dem Gebiet der Filmproduktion gab es eine stabile ‹Kinoachse›, die auf einem im Mai 1937 abgeschlossenen und in der Folge jährlich verlängerten italienisch-deutschen Filmabkommen beruhte. Leni Riefenstahl erhielt 1936 in Venedig den italienischen Filmpreis, Mussolini versuchte sogar, sie für einen Dokumentarfilm über das faschistische Italien abzuwerben. Im August 1942 wurde in Venedig auch der antisemitische Propagandafilm «Jud Süß» von Veit Harlan preisgekrönt.

Daß im faschistischen Italien ursprünglich eine sehr viel großzügigere Kulturpolitik betrieben wurde als im nationalsozialistischen Deutschland unter der Ägide von Goebbels, führte zu manchen Mißverständnissen. Auf die Dauer glich sich die faschistische Kunstpolitik jedoch durchaus der nationalsozialistischen an. Wenn anfangs in Italien auch modernistische Architekten zum Zuge kamen, so mußten sich diese zunehmend dem monumentalen Repräsentationsstil anpassen, wie er vor allem von Marcello Piacentini vertreten wurde. In der Malerei wurde zwar die Tradition des avantgardistischen Futurismus nicht gänzlich verschüttet, wie sich am Beispiel Giorgio De Chiricos oder selbst des faschistischen Vorzeigemalers Mario Sironi zeigen läßt. Gleichwohl paßten sich die aus dem Futurismus kommenden Maler im Laufe der Zeit den Repräsentationsbedürfnissen des faschistischen Regimes an. Seit der zweiten Hälfte der dreißiger Jahre gewann in Italien ein naiver Hyperrealismus an Boden, der mit der ‹Deutschen Kunst› einiges gemeinsam hatte.

Im Bereich der Literatur waren es vor allem die Rassengesetze von 1938, welche der begrenzten kulturellen Liberalität ein Ende bereiteten. Ein Schriftsteller jüdischer Herkunft wie Cesare Pavese konnte nun nicht mehr publizieren, Carlo Levi wurde sogar in die von ihm nach dem Krieg unter dem Titel «Christus kam nur bis Eboli» beschriebene Verbannung geschickt. Auch zahlreiche jüdische Wissenschaftler verloren ihre Existenz und wurden, wie etwa der international bekannte Althistoriker Arnaldo Momigliano, zur Emigration gezwungen. Schon vorher hatte das faschistische Regime abweichendes politisches Verhalten von Künstlern oder Wissenschaftlern im übrigen mit Berufsverboten bestraft. Dieser Druck hatte in der kulturellen Szene des faschistischen Italiens bewirkt, daß man den politischen Vorgaben des Regimes häufig schon in vorauseilendem Gehorsam folgte. Das führte zu einem durchaus zweifelhaften «Konsens der Intellektuellen» mit dem Faschismus (Gabriele Turi), der erst nach dem Sturz Mussolinis 1943 in Frage gestellt wurde.

Wie stark den beiden faschistischen Diktaturen, ungeachtet gegenseitiger Irritationen und Empfindlichkeiten, gerade auf dem Gebiet der Kultur an engen Beziehungen gelegen war, zeigte sich schließlich auch daran, daß sie am 23.11.1938 ein Kulturabkommen abschlossen. Dies ging inhaltlich weit über alles hinaus, was die faschistische Regierung in Italien sonst mit anderen Ländern vereinbart hat. Das Kulturabkommen kann deshalb tatsächlich als «Vorspiel zu ‹Stahlpakt› und Kriegsallianz» (Jens Petersen) bezeichnet werden.

Die ‹Achse› im Zweiten Weltkrieg Der bündnispolitische Ernstfall der ‹Achse› trat am 1.9.1939 ein, als das nationalsozialistische Deutschland Polen überfiel, was Italien eigentlich zum Eingreifen verpflichtet hätte. Nicht zu Unrecht konnte Mussolini die Deutschen jedoch für vertragsbrüchig ansehen, weil sie am 23.8.1939, ohne ihn in irgendeiner Weise zu informieren, mit der Sowjetunion einen Nichtangriffsvertrag geschlossen hatten, der nicht gerade dem Geist des Antikominternpaktes entsprach. Hitler hatte zudem den ‹Duce› erst am 25.8. über den bevorstehenden Angriff auf Polen informiert, weshalb eine sofortige militärische Unterstützung Deutschlands durch die Italiener schon aus Zeitgründen gar nicht in Frage kam. Diese war freilich auch

deshalb unmöglich, weil die Italiener nach ihren jahrelang andauernden Kriegen weder genügend schwere Waffen und Flug-
zeuge noch Energievorräte für einen neuen Waffengang besaßen.
Mussolini zog sich in dieser für ihn durchaus peinlichen Situation dadurch aus der Affäre, daß er Hitler einen großenteils
überzogenen, aber im Kern unabweisbaren Forderungskatalog
für Waffen und Rohstoffe übersandte, der von diesem unmöglich sofort erfüllt werden konnte. Gleichzeitig bezeichnete der
‹Duce› die italienische Haltung jedoch als «Nichtkriegführung»
(Non belligeranza). Der Begriff war völkerrechtlich fragwürdig,
Mussolinis Versicherung, daß es sich um «bewaffnete Neutra-
lität» (Neutralità armata) handele, signalisierte Hitler jedoch,
daß sich Italien im Prinzip an der Seite Deutschlands befinde und
nur noch nicht sofort in den Krieg eintreten könne.

Anstatt das Land nun jedoch gezielt auf den Krieg vorzubereiten, schwankte Mussolini aufgrund der Uneinigkeit seiner militärischen Berater hin und her und gab weder der Rüstungsindustrie
noch dem Generalstab klare Anweisungen. Erst als der deutsche
Sieg in Frankreich kurz bevorstand, begann der ‹Duce› in aller
Eile zu handeln, um noch an der französischen Kriegsbeute beteiligt zu werden. Am 29.5.1940 ließ er sich vom König den militärischen Oberbefehl übertragen, der im Kriegsfall eigentlich
dem Monarchen zustand. Das war allerdings mehr ein symbolischer Akt, da Mussolini von generalstabsmäßiger Planung wenig verstand und Kriegführung eher als eine Frage des Willens
denn der militärischen Strategie ansah. Da der wie immer zöger-
liche König jedoch den Elan der faschistischen Kriegstreiber zu
bremsen suchte, kam es Mussolini darauf an, das Heft des Handelns in der Hand zu behalten. Am 10.6.1940 verkündete er in
einer Rede vom Balkon des Palazzo Venezia, daß sich Italien
«gegen die plutokratischen und reaktionären westlichen Demo-
kratien» im Krieg befinde.

Wie sich rasch herausstellte, waren Planung und militärische
Ausrüstung der italienischen Interventionstruppen in Frankreich jedoch völlig unzureichend, der am 21.6.1940 gestartete
italienische Angriff kam daher nur schleppend voran. Nur unter
hohen Verlusten konnten die französische Kleinstadt Menton

und einige Alpendörfer gegen den nur schwachen Widerstand der demoralisierten französischen Truppen erobert werden. Mussolinis wohl verbürgte Äußerung, daß er einige tausend tote italienische Soldaten benötige, um an der Kriegsbeute beteiligt zu werden, ging so verhängnisvollerweise fast in Erfüllung. Der Gegensatz zwischen der bellizistischen Rhetorik des ‹Duce› und dem bescheidenen Ergebnis hätte nicht größer sein können.

Für Mussolini war dieses Ergebnis deshalb so problematisch, weil es sein persönliches Prestige als ‹Duce del fascismo› erheblich in Frage stellte. Charismatische Diktaturherrschaft läßt sich trotz aller Propaganda und polizeistaatlicher Unterstützung nicht auf Dauer ausüben, wenn sie keine Erfolge vorweisen kann. Aufgrund der Eigendynamik des faschistischen Kriegsregimes konnten solche ‹Erfolge› nur militärischer Art sein. Im Falle des Überfalls auf Abessinien und des Eingreifens in den spanischen Bürgerkrieg hatte sich Mussolini gegen seine Generäle durchgesetzt und sich am Ende, so zweifelhaft die militärischen Erfolge auch waren, als ‹Sieger› präsentieren können. Um so mehr kam es für ihn darauf an, die blamable Vorstellung in Frankreich vergessen zu machen. Trotz unzureichender militärischer Vorbereitung und unter Mißachtung der erschöpften Ressourcen Italiens befahl er daher, einen neuen Krieg vorzubereiten, dieses Mal gegen Griechenland. Es handelte sich beinahe um einen Krieg um des Krieges willen, da Griechenland in Mussolinis imperialen Expansionsplänen bisher keine Rolle gespielt hatte. Deutsche Warnungen, dieser sinnlose Krieg werde Italien nur neue Feinde schaffen, schlug der ‹Duce› bewußt in den Wind, sollte der faschistische Überfall auf Griechenland doch gerade beweisen, daß Italien immer noch ein ebenbürtiger militärischer Achsenpartner war. Mussolini sprach deshalb auch von einem «Parallelkrieg» zu den Kriegen Hitlers, den er wie dieser auch als ‹Blitzkrieg› zu führen beabsichtigte.

Demonstrativ entfesselte Mussolini den Krieg gegen Griechenland 1940 am Jahrestag des ‹Marschs auf Rom›, um ihn dadurch als Erweiterungskrieg des ‹Impero fascista› auszuweisen. Trotz italienischer Luftüberlegenheit gelang es jedoch den Griechen, die faschistischen Invasoren nicht nur aufzuhalten, sondern bis weit nach Albanien hinein zurückzudrängen. Die italienische Armee konnte monatelang gerade noch die Front halten, bis endlich die deutschen Waffenbrüder militärisch eingriffen und die Griechen am 21.4.1941 zu einem Waffenstillstand zwangen. Berücksichtigt man, daß im Dezember 1940 der italienische Versuch, die Engländer aus Ägypten zu vertreiben, trotz großer militärischer Überlegenheit gescheitert war und zwischen Januar und Mai 1941 auch die ostafrikanischen Kolonien Italiens (Eritrea, Somalia und Abessinien) aufgrund massiver britischer Angriffe verlorengingen, wird vollends deutlich, daß Mussolinis ambitionierter Versuch, ‹parallel› zu Deutschland erfolgreich Krieg zu führen, ein für allemal gescheitert war. Damit änderte sich seit der Jahreswende von 1940/41 das Verhältnis der beiden Achsenmächte zueinander. Wenn man bis dahin noch von einer «Kooperation als Machtkampf» (Malte König) sprechen konnte, war dieser nun zugunsten Deutschlands entschieden, auch wenn an der politischen Parität formal nichts geändert wurde. Mussolini mußte den Krieg als «Subalternkrieg» (Giorgio Rochat) weiterführen. Das faschistische Italien ist deshalb sogar als «deutscher Satellitenstaat» (MacGregor Knox) bezeichnet worden, doch war für den ‹Duce› bezeichnend, daß er – ebenso wie seine Generäle – immer wieder selbstherrliche Entscheidungen traf, die nicht von den Deutschen vorgegeben waren. Das faschistische Italien blieb deshalb ein schwieriger Verbündeter.

Dies zeigte sich etwa bei der eigenwilligen Entscheidung Mussolinis, ein italienisches Expeditionskorps in den von Hitler am 22.6.1941 vom Zaun gebrochenen Krieg gegen die Sowjetunion zu schicken. Der Chef des deutschen Oberkommandos der Wehrmacht, Wilhelm Keitel, versuchte vergeblich die Italiener von diesem Vorhaben abzubringen. Mussolini bestand jedoch auf einer italienischen Teilnahme am antisowjetischen Weltanschauungskrieg, in der verhängnisvollen Annahme, daß die Russen aufgrund ihrer rassischen Unterlegenheit schnell besiegt sein würden. Die Deutschen gaben dem italienischen Drängen erst nach, nachdem ihr Vormarsch in der Sowjetunion Ende 1941 unerwartet ins Stocken geraten war. In einem persönlichen Brief an Mussolini gab Hitler am 29.12.1941 sein Plazet zu einer italienischen Kriegsbeteiligung an der Ostfront. Im Frühjahr 1942 wurden von Mussolini unter dem Namen Italienische Armee in Rußland (Armata italiana in Russia) auf dem Höhepunkt immerhin 220000 Mann nach Rußland entsandt. Wie sich herausstellen sollte, waren die nur mit wenigen schweren Waffen ausgerüsteten und für das ungewohnte Klima unzureichend eingekleideten italienischen Soldaten jedoch nur bedingt einsatzbereit. Besonders selbstbewußt verhielt sich Mussolini gegenüber deutschen Forderungen, ein gemeinsames militärisches Oberkommando zu bilden. Während die Alliierten an den verschiedenen Kriegsschauplätzen unter gemeinsamen Oberbefehlshabern kämpften, verhinderte der ‹Duce› bis zuletzt die Unterordnung italienischer Truppen unter ein deutsches Kommando. Umgekehrt kümmerte sich freilich auch General Erwin Rommel mit dem deutschen ‹Afrikakorps› wenig um die Anweisungen des italienischen Oberkommandos in Tripolis, dem er, um den «Schein der Unabhängigkeit» (Denis Mack Smith) zu wahren, formal unterstellt war. Rommels Afrikakorps von rund 30000 Mann, das mit Panzern und schwerer Artillerie ausgestattet war, gelang es freilich auch nicht, den Wüstenkrieg zu gewinnen. Zwar wurden die britischen Truppen anfangs bis nach Ägypten hinein zurückgedrängt, die Front kam jedoch im Juni 1942 in der Senke von El-Alamein knapp 100 km vor Alexandria zum stehen. Logistische und technische Probleme ließen es nicht zu, den faschistischen Traum einer Eroberung ganz Ägyptens zu verwirklichen. Als die Engländer am 23.10.1942 mit frischen Truppenkontingenten wieder die militärische Initiative ergriffen, ging in einer mörderischen Schlacht am 4.11.1942 nicht nur El-Alamein verloren, die Truppen der ‹Achse› wurden vielmehr auch zum vollständigen Rückzug aus Libyen gezwungen. Die Schlacht von El-Alamein markierte insofern den ersten großen Wendepunkt im Zweiten Weltkrieg. Für das faschistische Italien hatte sie eine ähnliche historische Bedeutung wie sie wenig später die verlorene Schlacht von Stalingrad für das NS-Regime haben sollte, nämlich den Anfang vom Ende. Daß Mussolini in letzter Minute noch den militärisch sinnlosen Befehl gab, Libyen bis zum letzten Mann zu verteidigen, entsprach bezeichnenderweise der wahnsinnigen Reaktion Hitlers während der Schlacht von Stalingrad.

Das faschistische Regime als Besatzungsmacht   Obwohl die Kriege der Achsenmächte durchweg weder zusammen geplant noch begonnen worden sind, wurden sie doch in Frankreich, Griechenland und Jugoslawien gemeinsam zu Ende geführt. Das brachte es mit sich, daß das faschistische Diktaturregime in diesen Ländern im Zweiten Weltkrieg als Besatzungsmacht aufgetreten ist. Auch in Libyen, Abessinien und Albanien übte der Faschismus de facto eine Besatzungsherrschaft aus, auch wenn diese Länder formal in das ‹Impero Fascista› eingegliedert worden waren. Wenn auch überall nur für wenige Jahre, zeigte sich der Faschismus hier von seiner häßlichsten Seite. Entgegen einer lange Zeit vorherrschenden Forschungsmeinung zeichnete sich die italienische Besatzungspolitik gegenüber der deutschen nicht generell durch eine grundsätzliche Zurückhaltung aus. Wenn sie insgesamt weniger verheerende Wirkungen hatte, dann hing das vor allem mit der militärischen Schwäche der faschistischen Truppen zusammen. Im Unterschied zu den deutschen Besatzungstruppen verhielten sich die italienischen stark defensiv.

In Frankreich wurde nach dem separat vereinbarten Waffenstillstand der größere Teil des Landes – unter Einschluß von Paris – von deutschen Truppen besetzt, Italien erhielt nur ein ganz kleines Besatzungsgebiet in den Alpen zugesprochen. Das restliche Frankreich blieb unbesetzt, verwaltet von der nationalen Kollaborationsregierung des Marschalls Pétain in Vichy. Nach der Landung alliierter Truppen in Nordafrika besetzten Verbände der Achsenmächte aber auch die bisher entmilitarisierten Gebiete Frankreichs. Damit kamen Korsika und die Provence bis zur Rhone unter italienische Besatzungsherrschaft.

Im Fall Griechenlands wurde den Italienern der größere Teil des Landes als Besatzungsgebiet überlassen, die Deutschen behielten jedoch die strategisch und wirtschaftlich wichtigsten Städte (Athen, Saloniki, Piräus) sowie Kreta in der Hand. Bulgarien, das zu später Stunde auch noch in den Krieg eingegriffen hatte, bekam Ost-Makedonien und Thrakien als Besatzungsgebiet zugesprochen. Das faschistische Italien verfügte damit in Griechenland zwar über ein ausgedehntes Besatzungsgebiet, hatte damit aber auch, wie sich rasch herausstellte, die Hauptlast bei der Versorgung der Bevölkerung und der Bekämpfung der griechischen Partisanenbewegung zu tragen.

Seine vermeintlich größte territoriale Beute machte das faschistische Italien in Jugoslawien. Nach der Kapitulation der jugoslawischen Armee am 17.4.1941 teilten die siegreichen Achsenmächte das Land unter Beteiligung Ungarns und Bulgariens, die kleinere Besatzungsgebiete erhielten, unter sich auf. Die Wehrmacht besetzte neben dem nördlichen Slowenien den größten Teil Serbiens. Am meisten profitierte Italien von der Zerstückelung Jugoslawiens in Besatzungszonen. Ein Teil Mazedoniens und vor allem das Kosovo wurden Albanien angegliedert und gingen damit im ‹Impero Fascista› auf. Außerdem zögerte das faschistische Italien nicht, vier geographisch voneinander getrennte Gebiete Sloweniens, Kroatiens und Montenegros mit deutscher Zustimmung vorläufig zu annektieren und zu italienischen Provinzen zu erklären.

Komplizierter war die Rolle, die das faschistische Italien in Kroatien spielte. Im größten Teil des Landes wurde von den Siegermächten der Unabhängige Staat Kroatien (Nezavisna Drzava Hrvatska) ausgerufen. An die Spitze dieses faschistischen Satellitenstaates trat der Führer der Ustascha, Ante Pavelič, der ursprünglich ein Protegé Mussolinis gewesen war, sich aber politisch ganz an Hitler anlehnte. Der nur nominell unabhängige kroatische Staat wurde fast vollständig von Deutschen und Italienern besetzt.

In den besetzten Gebieten hatten die faschistischen Besatzungsbehörden in der Regel mit zwei zentralen Problemen zu kämpfen: mit der Versorgung der Bevölkerung und mit der Bekämpfung des Widerstandes. Die Versorgung der Bevölkerung war in Griechenland das alles beherrschende Thema. Da in ihrer Besatzungszone das Wirtschaftsleben fast ganz zum Erliegen kam, war die italienische Besatzungsarmee gezwungen, die Bevölkerung direkt mit Nahrungsmitteln zu versorgen. Da es den Italienern an logistischer Vorbereitung, an für die Gebirgslandschaft geeigneten Transportmitteln und vor allem auch an ausreichenden Getreidevorräten mangelte, kam es im Winter 1941/42 in Griechenland zu großer Hungersnot, der möglicherweise 5% der Zivilbevölkerung zum Opfer fiel. Das wurde gelegentlich als versuchter Genozid interpretiert, jedoch wurde die griechische Hungerkatastrophe von den Italienern mit Sicherheit nicht intendiert, sondern allenfalls billigend in Kauf genommen. Die Leiden der griechischen Bevölkerung führten zu verstärkter Widerstandtätigkeit von Partisanen. Das Land konnte dadurch bis zur Befreiung durch die Alliierten niemals ganz befriedet werden.

Erst recht machte der Widerstand den Italienern in Kroatien erheblich zu schaffen. Die Einheiten des Königlichen Heeres reagierten auf die Partisanentätigkeit – nicht anders als die Wehrmacht – mit sich steigernden Vergeltungsmaßnahmen, auch wenn ihre Gewalttätigkeit weniger das Ergebnis von auftrumpfender Aggressivität als von panikartiger Schwäche war. Anders als die Deutschen versuchten die Italiener, die Partisanen gegeneinander auszuspielen, indem sie die nationalistischen Tschetniks gegen die kommunistischen Widerstandskämpfer Titos unterstützten. Sie verschanzten sich zunehmend an befestigten Plätzen und schlugen von dort aus zu. Man kann deshalb von einem defensiven Besatzungsterror sprechen, der sich in seiner Wirkung auf die Betroffenen freilich wenig von der «offensiven Praxis der Wehrmacht und der SS» unterschied (Davide Rodogno). Das ganze Tableau von Geiselerschießungen, von Folterungen und Vergewaltigungen, der Niederbrennung von einzelnen Häusern oder ganzen Dörfern sowie der Deportation der Zivilbevölkerung in Konzentrationslager findet sich, wie Enzo Collotti als erster beschrieben hat, auch in den italienischen Besatzungsgebieten des Balkans. Trauriger Höhepunkt des faschistischen Besatzungsterrors war am 22.2.1942 die Einschließung der Stadt Ljubljana durch einen durchgehenden Drahtverhau und die Deportation einer großen Zahl ihrer Einwohner in Lager. Grundlage für das rücksichtslose, wenn auch nicht immer konsequent angewandte Vorgehen der italienischen Besatzungstruppen in Jugoslawien war das «Circolare 3C», das am 1.12.1942 vom Oberbefehlshaber der II. Königlichen Armee, General Mario Roatta, versandt wurde. Ausdrücklich wurde den italienischen Besatzungssoldaten darin für jedes noch so rücksichtslose Vorgehen Straffreiheit zugesichert. Die Deportation «des verdächtigen Teils der Bevölkerung» wurde ausdrücklich empfohlen. Im slowenischen Teil sollte es das eigentliche Ziel der italienischen Besatzungspolitik sein, «die rassische Grenze mit der politischen in Übereinstimmung zu bringen», wie der Kommandeur des XI. Armeekorps, General Mario Robotti, erklärte. Das lief auf nichts anderes hinaus als auf eine ‹ethnische Säuberung› des Gebietes.

Nach neueren, freilich nicht endgültig bestätigten Schätzungen wurden von den italienischen Besatzern in Jugoslawien insgesamt über 100 000 Slowenen und Kroaten deportiert. Ein Teil von ihnen wurde in Konzentrationslager im italienischen Mutterland verbracht, der größere Teil kam in neu eingerichtete Lager im italienisch-jugoslawischen Grenzgebiet wie z. B. das Lager Gonars in der Provinz Udine. Das Lager mit den härtesten Lebensbedingungen und den höchsten Sterberaten wurde auf der Insel Rab vor der dalmatinischen Küste eingerichtet. Es ist aber festzuhalten, daß die Insassen nur im Einzelfall gezielt umgebracht wurden, in der Masse an den Entbehrungen des Winters, an Krankheiten und schlechter Ernährung gestorben sind. Regelrechte Vernichtungslager hat der italienische Faschismus zu keinem Zeitpunkt eingerichtet.

Das Lager auf der Insel Rab wurde auch als Sammelstätte für kroatische und slowenische Juden benutzt. Es ist für die Praxis der italienischen Rassenpolitik bezeichnend, daß diese eine bessere Behandlung erfuhren als die Häftlinge slawischer Herkunft. Tatsächlich wurden sie sogar durch die Internierung auf der Insel Rab vor dem gezielten Zugriff der deutschen und kroatischen Verfolger geschützt, die sie aufgrund einer Vereinbarung zwischen der Reichsregierung und der Ustascha-Regierung vom Juli 1942 gemeinsam jagten.

In noch größerem Umfang haben die italienischen Besatzungsbehörden auch in Frankreich Juden vor dem deutschen Zugriff geschützt. Daran zu erinnern, ist im Hinblick auf den

Holocaust für die Leidensgeschichte der europäischen Juden von besonderer Bedeutung. Das sollte jedoch nicht als Beleg dafür genommen werden, daß es innerhalb des italienischen Faschismus keine antisemitischen Vorurteile gegeben hätte. Der faschistische Antisemitismus kann innerhalb eines sich zunächst gegen Slawen und Afrikaner richtenden Rassismus lediglich als nachrangig angesehen werden. Nicht einmal die Tatsache, daß sich General Roatta in Kroatien entgegen Mussolinis Anordnung zum Judenretter aufschwang, beweist das Gegenteil. Die unbarmherzigen Kriegsverbrechen gegenüber Kroaten und Slowenen, für die gerade Roatta verantwortlich war, entsprangen einer rassistischen Grundeinstellung, die ursprünglich durchaus auch Juden einschloß. Die Politik der italienischen Besatzungsführung in Kroatien wurde in den letzten Kriegsjahren hauptsächlich dadurch bestimmt, daß man sich das Verhalten nicht mehr von den Deutschen vorschreiben lassen und bei Kriegsende gegenüber den Alliierten besser dastehen wollte. Von einer generellen Schutzfunktion gegenüber Juden konnte daher nicht die Rede sein, auch wenn etliche der Offiziere des Königlichen Heeres persönlich durchaus aus humanitären Motiven gehandelt haben.

Um Besatzungspolitik handelte es sich schließlich auch bei der italienischen Präsenz in Abessinien. Als Mussolini am 5.5.1936 das Ende des Abessinienkrieges ausrief, war dieser alles andere als beendet, und er sollte es auch bis zur Vertreibung der Italiener und der Rückkehr Kaiser Haile Selassies nach Addis Abeba am 5.5.1941 nicht sein. Das faschistische Regime führte vielmehr in Abessinien sechs Jahre lang Krieg, ohne das Land je vollständig in den Griff zu bekommen, obwohl ständig bis zu 300000 Soldaten im Land verblieben. Die Versprechungen der faschistischen Propaganda, in dem eroberten Land in wenigen Jahren blühende Landschaften für zwei Millionen von italienischen Siedlern entstehen zu lassen, erfüllten sich nicht einmal im Ansatz. Statt dessen mußte der Faschismus sich mit einer Besatzungsherrschaft begnügen, die durch einen tief in der Bevölkerung verankerten Widerstand ständig in die Defensive gedrängt wurde. Das am 1.6.1936 verkündete «Organische Gesetz» (Legge organica), durch das Abessinien mit den italienischen Kolonien Somalia und Eritrea zur Kolonie Italienisch Ostafrika (Africa Orientale Italiana / AOI) verschmolzen wurde, bestand weitgehend nur auf dem Papier. Im Juli 1936 drangen Tausende von Widerstandskämpfern in Addis Abeba ein und vertrieben die Italiener beinahe wieder aus ihrer Hauptstadt. Spektakulärer Höhepunkt des offenen Widerstandes war das gescheiterte Attentat auf den als Vizekönig mit allen Vollmachten ausgestatteten Marschall Rodolfo Graziani am 19.2.1937. Graziani ließ daraufhin tausende von Geiseln erschießen, vorzugsweise Intellektuelle und orthodoxe Mönche, um die amharische Führungsschicht des Kaiserreiches auszurotten. Die Italiener übten einen wahllosen Terror gegen die Zivilbevölkerung aus, bei dem ganze Landstriche verwüstet, Dörfer niedergebrannt und Tausende bei Massenexekutionen erschossen wurden. Zehntausende wurden unter erbärmlichen Umständen in Konzentrationslagern gefangen gehalten und mußten für die Besatzungsmacht Zwangsarbeit leisten. Zwischen 1936 und der endgültigen Räumung Abessiniens sollen über 75 000 Guerillakämpfer getötet worden sein, es gab möglicherweise 24 000 Tote bei standrechtlichen Erschießungen und 35 000 Tote in Konzentrationslagern. Der Faschismus errichtete am Horn von Afrika eine «Schreckensherrschaft, für die es in der Kolonialgeschichte Afrikas und Asiens keine Vorbilder gab» (Aram Mattioli).

25.7.1943: Der Sturz des ‹Duce› Schon vor der kriegsentscheidenden militärischen Niederlage von El-Alamein verschlechterte sich die Stimmung der italienischen Zivilbevölkerung im Laufe des Jahres 1942 beträchtlich. Eine galoppierende Inflation führte zu einer drastischen Verteuerung der Grundnahrungsmittel, die auch durch eine strenge Rationierung nicht gestoppt werden konnte. In manchen Städten kam es zu hauptsächlich von Frauen getragenen Hungerdemonstrationen. Noch gravierender war für das Regime, daß zwischen dem 5. und 10.3.1943 die Arbeiter großer Fabriken im industriellen ‹Triangolo› zwischen Turin, Mailand und Genua nach fast zwei Jahrzehnten der Ruhe in Streik traten. Auch sie verlangten neben Lohnsteigerungen in er-

ster Linie eine Erhöhung der Lebensmittelrationen, vereinzelt
wurden aber auch Rufe nach sofortigem Frieden laut. Vollends
wurde die Autorität des Regimes dadurch in Frage gestellt, daß
die Unternehmer mit den Streikenden wie selbstverständlich
Verhandlungen führten und den Arbeitsniederlegungen dann
auch durch Konzessionen ein Ende bereiteten. Kaum hätte besser demonstriert werden können, daß die Konstruktion des Kor-
porationsstaates nur noch eine Fiktion war. Die Repräsentanten
der Partei und des Staates schienen wie gelähmt zu sein. Mussolini, in diesen Wochen aufgrund einer schmerzhaften Erkran-
kung kaum handlungsfähig, meldete sich erst zu Wort, als alles
schon vorbei war. Damit wurde im Frühjahr 1943 offenkundig,
daß sein Führermythos kaum mehr wirksam war.

Zum Verfall seiner Führerherrschaft trug auch bei, daß die
alliierten Bombenangriffe auf italienische Städte die Bevölkerung in Angst und Schrecken versetzten. Den größten Schock
übte der an sich wenig bedeutsame Bombenangriff auf die Stadt
Rom am 19.7.1943 aus. Weil Rom zur ‹Offenen Stadt› erklärt
worden war, war das faschistische Regime bis dahin davon ausgegangen, daß die Hauptstadt vor alliierten Bomben geschützt
sei. Nun aber hatte der Bombenkrieg auch Rom erreicht. Mussolini war nicht in der Lage, die massenpsychologische Trag-
weite dieses Ereignisses richtig einzuschätzen. Er ließ sich von
Papst Pius XII., der in Rom in einem theatralischen Auftritt zur
zerstörten Kirche San Lorenzo eilte, die Schau stehlen und begriff nicht, welche verheerende Wirkung das für sein Ansehen
bei der Bevölkerung hatte. Das charismatische Herrschaftsprin-
zip des direkten Bezugs des Diktators zu den Massen hatte auf
dem militärischen Erfolg beruht, Mussolini hatte deshalb sein
Volk von Krieg zu Krieg getrieben. Seit die militärischen Siege
ausblieben, wurden die Italiener jedoch nicht mehr vom ‹Duce›
hypnotisiert, sie wachten allmählich aus der Bewegungslosigkeit
auf, in die sie der Diktator versetzt hatte.

Die Unruhe an der Basis konnte die Führungseliten des faschistischen Regimes nicht unberührt lassen. Die Streiks vom März
1943 und die nachfolgenden Bombardements markierten deshalb den Anfang vom Ende Mussolinis. Noch einmal trat die

Doppelstruktur seines persönlichen Herrschaftssystems zutage, dieses Mal zu seinen Ungunsten. Fast zur gleichen Zeit gerieten sowohl der PNF als auch die auf den König fixierten konservativen Führungseliten des Regimes in Bewegung, um einen ‹Faschismus ohne Mussolini› zu diskutieren. Über zwanzig Jahre lang hatte es Mussolini verstanden, sich durch die Fixierung der Diktatur auf seine Person bei beiden Seiten unentbehrlich zu machen. Er vermochte so, die faschistische Partei und die monarchistischen Unterstützer gegenseitig in Schach zu halten. Daß er nach so langer Zeit auch durch eine Art Parallelaktion gestürzt werden könnte, scheint ihm nicht in den Sinn gekommen zu sein. Obwohl er bis zuletzt jeden Tag aus Angst vor einer Rebellion geradezu hektisch ganze Stapel von geheimen polizeilichen Stimmungsberichten verschlang, sah er offenbar seine persönliche Machtstellung als Diktator nicht als gefährdet an.

Den entscheidenden Anstoß zum Handeln der beiden Verschwörungszentren gab die Landung alliierter Truppen auf Sizilien in der Nacht vom 9. auf den 10.7.1943. Der Krieg, den Mussolini seit Ende der zwanziger Jahre bisher immer nur in andere Länder getragen hatte, war damit in Italien angekommen. In der Führungsclique des PNF begriff man, daß das faschistische System jetzt nur noch zu retten war, wenn Mussolini zumindest einen Teil seiner diktatorischen Kompetenzen, die er im Laufe der Jahre an sich gerissen hatte, wieder abgäbe. Zum Wortführer dieser Forderung machte sich Mussolinis alter Rivale Dino Grandi. Es gelang ihm, die Mehrheit der faschistischen Führungskader in informellen Gesprächen hinter sich zu bringen. Eine echte Fronde, die auf eine vollständige politische Entmachtung Mussolinis aus war, war das nicht. Der ‹Duce› sollte seine diktatorische Schlüsselstellung verlieren, ohne daß jedoch das politische System des monarchischen Faschismus geändert würde. Als der Führer des faschistischen Extremismus, Roberto Farinacci, von Grandis Initiative Wind bekam, brachte er Mussolini dazu, den Großrat des Faschismus einzuberufen, der letztmals im Dezember 1939 zusammengetreten war. Er ging davon aus, daß Mussolini dort seine Kritiker stellen und sie wie eh und je zur Unterwerfung zwingen würde. Es kann als sicher gelten, daß auch Mussolini, in Fehleinschätzung der Parteikrise, dieser Auffassung war. Er berief den Gran Consiglio für den Abend des 24.7.1943 in den Palazzo Venezia ein.

Farinacci sah sich im Verlauf der Sitzung bald isoliert, so daß er am Ende allein für eine von ihm vorgelegte Resolution stimmte. Statt dessen gelang es Dino Grandi, die Initiative zu ergreifen und Mussolini frontal anzugehen: «Ein Diktaturregime» sei «historisch gesehen immer unmoralisch», «nur der Erfolg» könne es rechtfertigen. Da Mussolini mit seiner Diktatur gescheitert sei, schlug er deshalb vor, diese zurückzubilden. Konkret verlangte er vom ‹Duce› die Rückgabe des militärischen Oberbefehls an den König sowie die Wiederherstellung der verfassungsmäßigen Rechte von Parlament, Regierung und Gran Consiglio. Grandi ging es also nicht um die Abschaffung des faschistischen Systems, sondern um seine Rekonstitutionalisierung. Es war klar, daß Mussolini das zurückweisen mußte, wenn er nicht selbst zu seiner Abdankung beitragen wollte. Schwer zu erklären ist jedoch, weshalb er eine Abstimmung über den Antrag von Grandi überhaupt zuließ, nachdem zuvor im Gran Consiglio nur ganz selten noch abgestimmt worden war. Die Abstimmung war deshalb schon als solche fast ein umstürzlerischer Akt, der das Diktaturregime des ‹Duce› aufhob. Von den außer Mussolini anwesenden 28 Mitgliedern des Gran Consiglio stimmten 19 für die Resolution Grandis, sieben dagegen, einer enthielt sich und Farinacci gab de facto eine ungültige Stimme ab. Das war ein klares Mißtrauensvotum gegen Mussolini, auch wenn der Gran Consiglio als faschistisches Verfassungsorgan nur eine beratende Funktion hatte.

Mussolini nahm das Ergebnis erstaunlich gelassen hin, der Versuch des Sekretärs des PNF, Carlo Scorza, ihn zur Verurteilung der Frondeure zu bringen, scheiterte. Nach allem, was wir wissen, scheint sich der ‹Duce› sicher gewesen zu sein, unverändert das Vertrauen des Königs zu haben und das Votum des Gran Consiglio deshalb ignorieren zu können.

Mehr oder weniger arglos begab er sich am Nachmittag des 25.7. in die Villa Savoia, um dem König anzubieten, ihm den militärischen Oberbefehl im Kriege wieder zurückzugeben. Viktor

Emanuel III. teilte ihm jedoch zu seiner Überraschung mit, daß er ihn in Anbetracht des verlorengehenden Krieges entlasse und Marschall Badoglio mit der Bildung einer neuen Regierung beauftrage. Beim Verlassen der königlichen Residenz wurde der konsternierte Mussolini von Carabinieri verhaftet und zunächst auf die Sträflingsinsel Ponza, dann auf die Sardinien vorgelagerte Insel La Maddalena und schließlich in ein auf fast 2000 m Höhe befindliches Hotel auf dem Gran Sasso im Apennin verbracht.

Vom 25.7. zum 8.9.1943: Die Regierung Badoglio   Daß der König sich überraschend zum Handeln durchgerungen hatte, nachdem er sich seit dem ‹Marsch auf Rom› allen Entscheidungen Mussolinis gebeugt hatte, hing entscheidend mit seiner Angst zusammen, mit der Niederlage im Krieg abdanken zu müssen. Die auf eine Absetzung Mussolinis drängenden Kräfte im Heer hatten deshalb leichtes Spiel, nachdem das Votum im Großrat bekannt geworden war. Der König ging sogar einen Schritt weiter, als es seine Berater vorgeschlagen hatten. Er erteilte der Idee, das faschistische Regime mit einem anderen faschistischen Regierungschef (etwa Dino Grandi) weiterzuführen, eine Absage und wählte den Marschall Badoglio als neuen Ministerpräsidenten aus. Obwohl dieser ein serviler Gefolgsmann Mussolinis gewesen war und sich vor allem in Abessinien schwerer Kriegsverbrechen schuldig gemacht hatte, sollte seine Beauftragung den Anschein einer politisch neutralen Militärregierung erwecken. Außer einigen hohen Beamten berief Badoglio im wesentlichen auch nur Militärs in seine Regierung. Möglicherweise hoffte der König auch, mit der Einsetzung der Regierung Badoglio der Erklärung Roosevelts und Churchills zu begegnen, die auf ihrem Treffen in Casablanca im Januar 1943 erklärt hatten, nicht mit faschistischen Regierungen verhandeln zu wollen.

Es wird oft behauptet, daß das faschistische Regime nach dem Regierungsantritt Badoglios von selbst in sich zusammengebrochen sei. Tatsächlich gab es überall in Italien jubelnde Menschen auf den Straßen, die häufig auch Symbole der faschistischen Herrschaft wie Rutenbündel und Mussolinibüsten zerschlugen.

Die jubelnden Massen feierten aber nicht den Untergang des Faschismus, sondern den vermeintlichen Übergang zum Frieden. Als diese Demonstrationen überhandnahmen, wurden sie (z. B. in Bari) von der Polizei blutig unterdrückt. Besonders makaber war es, daß die Regierung Badoglio keinerlei Anstalten machte, die ‹Rassengesetze› von 1938 außer Kraft zu setzen, für die Juden in Italien änderte sich insofern mit dem Sturz Mussolinis nichts. Nur die faschistische Partei ist, ebenso wie der faschistische Großrat und der politische Sondergerichtshof, am 28.7. durch eines der ersten Dekrete der Regierung Badoglio förmlich aufgelöst worden, nachdem die Miliz schon am 26.7. vollständig in die Armee integriert worden war. Der Faschismus in seiner monarchischen Form war damit am Ende.

Der Druck der Straße trug dazu bei, die Bemühungen Badoglios zu beschleunigen, einen separaten Waffenstillstand mit den Alliierten abzuschließen. Diese dachten freilich nicht daran, den Italienern Sonderbedingungen einzuräumen, sondern bestanden auf einer bedingungslosen Kapitulation. Der König wurde von ihnen zu Recht für die Aggressionen des Faschismus in die Pflicht genommen, er mußte daher am 3.9. auf Sizilien durch den General Giuseppe Castellano die Kapitulation Italiens unterschreiben lassen, die mit der Verkündung des Waffenstillstandes durch die Alliierten am 8.9.1943 besiegelt wurde.

Die größte Sorge Badoglios war es, daß seine geheimen Kontakte zu den Alliierten frühzeitig aufgedeckt und er von deutschen Truppen verjagt werden könnte. In seiner ersten Radiobotschaft hatte er deshalb noch am Abend des 25. Juli verkündet, daß der Krieg weitergehe. Das war ein Signal an den deutschen Verbündeten, der die Entwicklung in Italien mißtrauisch verfolgte. Obwohl er sofort in Lissabon Kontakt mit den Alliierten aufnehmen ließ, tat er alles, um seine Loyalität gegenüber dem Achsenpartner zu beweisen. Das führte zu einer in sich völlig widersprüchlichen Politik, die nach der Verkündung des Waffenstillstandes mit einer für das Land politischen Katastrophe endete. Mit stillschweigender Duldung des deutschen Oberbefehlshabers Albert Kesselring flohen der König, der Ministerpräsident Badoglio sowie zahlreiche Minister und hohe Beamte noch in der Nacht vom

8. zum 9.9. panikartig nach Brindisi, um sich unter den Schutz der dort landenden alliierten Streitkräfte zu begeben. Tagelang war die Regierung verschwunden, weshalb einige Historiker neuerdings davon sprechen, daß der 8. September 1943 den «Tod des Vaterlandes» (Ernesto Galli della Loggia) herbeigeführt habe. Das wäre freilich nur zutreffend, wenn das seit dem Oktober 1922 bestehende faschistische System ohne weiteres als Repräsentation der italienischen Nation angesehen werden könnte.

Eine verheerende Wirkung hatte allerdings die Radiobotschaft, die Badoglio am Nachmittag des 8. September kurz vor seinem Verschwinden an das Heer richtete. Er befahl der kämpfenden Truppe, jede Feindseligkeit gegenüber den alliierten Einheiten einzustellen, ließ aber offen, wie sie sich gegenüber den Deutschen verhalten sollte. Das stürzte Hunderttausende von italienischen Soldaten in Gewissenskonflikte. Damit wurde nicht das ‹Ende des Vaterlandes› besiegelt, wohl aber das Ende der Glaubwürdigkeit der Monarchie und der von ihr eingesetzten Regierung.

Die NS-Regierung hatte schon im Mai 1943 begonnen, sich auf einen eventuellen Abfall Italiens militärisch vorzubereiten und ein «Grundkonzept für die zukünftige Besetzung Italiens» (Lutz Klinkhammer) festzulegen. In Verkennung der tatsächlichen Entwicklung wurde sie zwar am 25. Juli vom Sturz Mussolinis überrascht, konnte jedoch sofort damit beginnen, zusätzlich zu den schon dort kämpfenden Divisionen acht weitere Infanterie- und Panzerdivisionen nach Italien in Bewegung zu setzen. Da diese massive Infiltration deutscher Einheiten unter dem Vorwand erfolgte, die gemeinsame Verteidigung gegen die alliierten Truppen zu verstärken, konnte sich die Regierung Badoglio nicht dagegen wehren. In Wahrheit wurden die deutschen Truppen jedoch für den Fall verstärkt, daß Italien aus dem Bündnis ausscheren und einen Waffenstillstand mit den Alliierten vereinbaren sollte. Als der ‹Fall x› am 8. September eintrat, konnte die Wehrmacht daher in Italien, aber auch in Frankreich und auf dem Balkan sofort mit großer Wucht zuschlagen. Obwohl die deutschen Einheiten häufig in der Unterzahl waren, konnten sie entscheidend davon profitieren, daß die italienischen

Soldaten aufgrund des verantwortungslosen Verhaltens ihrer Führung völlig orientierungslos waren. Es gelang den Deutschen, in kürzester Zeit mit häufig brutalen Methoden nahezu 800 000 Soldaten des Königlichen Heeres zu entwaffnen und größtenteils als Kriegsgefangene nach Deutschland zu verbringen. In völkerrechtlicher Hinsicht äußerst problematisch als «Italienische Militärinternierte» behandelt, mußten sie hier «Zwangsarbeit für den Verbündeten» (Gabriele Hammermann) leisten.

Im italienischen Mutterland machte die Entwaffnung der faschistischen Soldaten keine Schwierigkeiten, wenn es auch einer beträchtlichen Zahl von ihnen gelang, dem deutschen Zugriff zu entkommen und unter der Zivilbevölkerung unterzutauchen. Zu militärischen Konflikten kam es dagegen auf dem Balkan und in Griechenland, wo insgesamt etwa 25 000 italienische Soldaten im Kampf mit den Deutschen oder auf dem Transport den Tod fanden. Besondere Aufmerksamkeit hat neuerdings zu Recht der von der italienischen Heeresführung fehlgeleitete Widerstand der Divisione Acqui gegen ihre Entwaffnung und Gefangennahme auf der griechischen Insel Kephallonia gefunden. Über 5000 Soldaten der Division wurden auf der Insel von Wehrmachtssoldaten nach ihrer Gefangennahme völkerrechtswidrig erschossen.

VI. Epilog: Die Italienische Sozialrepublik (Repubblica Sociale Italiana) 1943–1945

Regime von Hitlers Gnaden Parallel zu der Entwaffnung des faschistischen Heeres setzte die NS-Führung alles daran, im Hinblick auf die ‹Achse› den Schein der Normalität zu wahren. Den verbleibenden europäischen Verbündeten (Ungarn, Rumänien, Bulgarien) sollte signalisiert werden, daß das ‹Dritte Reich› keine Alleingänge zuließ und am Bündnissystem des Dreimächtepaktes von 1939 festhielt. Obwohl Hitler im Unterschied zu anderen Nationalsozialisten darauf bestand, daß eine neue faschistische Regierung nur von Mussolini gebildet werden konnte, wartete er nicht darauf, diesen aufzufinden und zu befreien, sondern ließ eine Gruppe von Radikalfaschisten (u. a. Roberto Farinacci und Renato Ricci), die sich nach Süddeutschland geflüchtet hatten, schon in der Nacht vom 8. zum 9. September 1943 über Radio eine Faschistische Nationalregierung ausrufen. Das war die Geburtsstunde der Italienischen Sozialrepublik (Repubblica Sociale Italiana / RSI), deren kurze, aber düstere Geschichte erst am 3.5.1945 beendet sein sollte.

Schon am 10.9.1943 legte Hitler in einem ‹Führerbefehl› fest, wie das besetzte Italien künftig verwaltet werden sollte. Zunächst einmal sollte eine scheinbar unabhängige faschistische Regierung eingesetzt werden, die den Charakter einer Kollaborationsregierung haben sollte. Ihr Entscheidungsspielraum wurde eng beschränkt, ein «Reichsbevollmächtigter» (später der Botschafter Rudolf Rahn) hatte eigentlich das Sagen. Auch das Staatsgebiet des künftigen faschistischen Satellitenstaates wurde eng begrenzt. Theoretisch gehörte das gesamte Gebiet Italiens, das noch von der Wehrmacht gehalten wurde, zum Territorium der RSI. Davon wurden jedoch im Norden quasi als vorweggenommene Annexionen eine Operationszone Alpenvorland und eine Operationszone Adriatisches Küstenland abgetrennt und den nationalsozialistischen Gauleitern von Tirol (Franz Hofer) und Kärnten (Friedrich Rainer) unterstellt. Das gesamte Gebiet südlich des Apennin, mit der Ausnahme Roms, kam als Operationszone des Oberbefehlshabers Albert Kesselring unter direkte Militärverwaltung. Als «übriges besetztes Gebiet» blieb für die Italienisch-Faschistische Nationalregierung faktisch nur noch die Poebene übrig.

Für die Einsetzung einer faschistischen Gegenregierung zu der Königlichen Regierung, die sich in Salerno niederließ, war von entscheidender Bedeutung, daß Mussolini schnell aufgefunden und am 12.9.1943 in einem waghalsigen Unternehmen von einer SS-Einheit befreit und unverzüglich zu Hitler ins ‹Führerhauptquartier› gebracht werden konnte. Ohne lange darüber nachdenken zu können, stimmte Mussolini Hitlers Entscheidung zu, unter deutschem Schutz eine Gegenregierung zu der von den Alliierten gestützten Königlichen Regierung zu bilden. Renzo de Felice hat behauptet, daß Mussolini sich damit bewußt geopfert habe, um die Italiener vor einem direkten Zugriff der deutschen Besatzungsmacht zu schützen. Das ist jedoch allein schon deswegen abwegig, weil damit nicht zu erklären wäre, weshalb Mussolini mit einer solch außerordentlichen Brutalität regiert hat. Eher ist wahrscheinlich, daß er in Verkennung der militärischen Lage glaubte, mit Hilfe der Wehrmacht seine persönliche Diktatur möglicherweise in ganz Italien wiederherstellen zu können.

Republikanischer Faschismus   Am 15.9.1943 verkündete Mussolini in einem ersten Tagesbefehl, daß er das faschistische Regime als Republik wiedererrichten und die «oberste Führung des Faschismus» übernehmen werde. An die Stelle des bisherigen monarchischen Faschismus trat also ein republikanischer Faschismus. Die faschistische Partei wurde entsprechend in Partito Fascista Repubblicano (PFR) umbenannt, am 14.11.1943 hielt sie in Verona ihren Gründungskongreß ab. Der neue Parteisekretär Alessandro Pavolini behauptete, daß auf dem Kongreß 251 000 Mitglieder repräsentiert seien, im März 1944 hatte die Partei nach seiner Angabe angeblich 487 000 Mitglieder. Der Parteikongreß verabschiedete das «Manifest von Verona», in dem der Zusammentritt einer Verfassungsgebenden Versammlung angekündigt wurde. Diese trat jedoch ebensowenig zusammen wie alle übrigen sozialen Versprechungen des Kongresses, mit denen vor allem die Fabrik- und die Landarbeiter gewonnen werden sollten, je eingelöst wurden. Daß der Faschismus mit der Abschaffung der kapitalistischen Wirtschaftsordnung (aber bei Beibehaltung des Privateigentums), einer Sozialisierung der Großbetriebe und einer Agrarreform zu seinen Ursprüngen zurückkehren wolle, blieb reine Propaganda. Die RSI entwickelte sich vielmehr zu einem Polizeistaat besonders radikalen Typs, der vor allem da Handlungsfähigkeit bewies, wo es um Bestrafung und Unterdrückung ging.

Spektakulärer Höhepunkt der faschistischen Repressionspolitik in der RSI war der Prozeß von Verona gegen die Parteiführer,

welche den ‹Duce› am 25. Juli ‹verraten› hatten. In einem improvisierten Schauprozeß wurden vom 8.–10.1.1944 vor einem politischen Sondergericht fünf Angeklagte wegen «Verrats der faschistischen Idee» zum Tode verurteilt, darunter der langjährige
Außenminister und Schwiegersohn Mussolinis, Galeazzo Ciano.
Den Justizmorden von Verona folgten weitere Schauprozesse
mit lebenslangen Gefängnisstrafen und Hinrichtungen. Es handelte sich um eine Vendetta, die sich willkürlich gegen Parteifunktionäre, Industrielle, Generäle und hohe Beamte richtete. In
einem Prozeß ‹kumulativer Radikalisierung› (Hans Mommsen)
entwickelte sich die RSI immer mehr zu einem staatsterroristischen Gewaltregime.

Aus einer Vielzahl von Polizeikorps, vor allem der faschistischen Miliz (MVSN), den Carabinieri und der Sicherheitspolizei,
wurde Ende November 1943 eine zentralistisch organisierte Republikanische Nationalgarde (Guardia Nazionale Repubblicana / GNP) geformt, die für die öffentliche Sicherheit der Republik sorgen sollte. Da sie dieser Aufgabe jedoch nicht gewachsen
war, durfte der faschistische Parteisekretär Alessandro Pavolini
im Sommer 1944 eine zusätzliche politische Parteiformation aufbauen, die Schwarzen Brigaden (Brigate nere), denen alle Parteimitglieder vom 16. bis 60. Lebensjahr zwangsweise angehören
sollten. Es war dies das letzte Aufgebot in einem System zunehmend totalitärer Gewaltausübung.

Schon frühzeitig bediente sich die republikanisch-faschistische Regierung zur Unterdrückung der Bevölkerung auch regelrecht krimineller Banden, die sich durch die Eintreibung von
Schutzgeldern finanzierten, teilweise aber sogar staatliche Mittel
erhielten. Allein in Mailand soll ein Dutzend solcher Banden
agiert haben, darunter die berüchtigte Bande von Pietro Koch,
die für zahlreiche Überfälle, Folterungen und Mordtaten verantwortlich war. Offiziell gefördert wurde auch die Decima Mas
des Fürsten Junio Valerio Borghese, ursprünglich eine Eliteeinheit der Marineinfanterie, in der Zeit der RSI jedoch eine straff
geführte Bürgerkriegseinheit, welche die Partisanen der Widerstandsbewegung kompromißlos bekämpfte.

Alle diese Polizeiformationen dienten der Bekämpfung und

Unterdrückung ‹innerer Feinde›. Wenn Mussolini seinen «Satellitenstatus von deutschen Gnaden» (Lutz Klinkhammer) überwinden und wieder sichtbar eine eigenständige politische Rolle spielen wollte, mußte er jedoch auch eine eigene Armee aufbauen. Dies ist ihm indessen nicht gelungen, und zwar aus zwei Gründen. Zum ersten war man in Deutschland nach den Erfahrungen des 8. September gegenüber italienischen Soldaten äußerst mißtrauisch und behinderte deshalb Mussolini massiv bei der Aufstellung eigener militärischer Verbände. Nur innerhalb der Waffen-SS ließ man in begrenztem Umfang die Integration italienischer Einheiten zu, was aber Mussolinis Prestigebedürfnis wenig befriedigte. Zum zweiten hatte Mussolini große Schwierigkeiten bei der Rekrutierung von Soldaten. Die einfachen Soldaten unter den ‹Militärinternierten› wurden von den Deutschen nicht freigegeben, da sie als Zwangsarbeiter für die Kriegsproduktion unentbehrlich waren. Die Aushebung von Rekruten in Italien scheiterte trotz der Androhung drakonischer Strafen daran, daß sich die betroffenen jungen Männer massenhaft dem drohenden Militärdienst entzogen. Am Ende unterstanden der Regierung der RSI gerade einmal 43 000 Mann umfassende militärische Einheiten, die jedoch nur zu Hilfsdiensten für die Wehrmacht herangezogen wurden. Weitere 70 000 Mann dienten in Einheiten, die direkt dem deutschen Oberkommando unterstellt waren. Sie wurden vorzugsweise gegen die eigenen Landsleute bei Strafaktionen gegen die Partisanen eingesetzt. Die von Mussolini mit so großen Erwartungen begonnene Aufstellung eines eigenen republikanisch-faschistischen Heeres mußte deshalb als gescheitert angesehen werden.

Es ist bis heute nicht vollständig geklärt, wie sich die oberitalienische Bevölkerung zu dem Staatsgebilde der RSI und der dieses garantierenden deutschen Besatzungsmacht gestellt hat. Vieles spricht dafür, daß De Felice mit seiner These, es habe sich nur jeweils um Minderheiten gehandelt, die sich entweder zu wirklicher Kollaboration oder zu aktivem Widerstand entschlossen hätten, recht hatte. Das Verhalten der ganz großen Mehrheit der Bevölkerung sei als eine «Grauzone» (Zona grigia) anzusehen, in der allein Überlebensstrategien das alltägliche Leben der Menschen bestimmten. Weder die Kollaborateure noch die Widerstandskämpfer können jedoch dadurch marginalisiert werden. Es waren diejenigen, die sich mit der Besatzungsmacht arrangierten, und diejenigen, die sich zum bewaffneten Widerstand entschlossen, die das Leben der schweigenden Mehrheit in der RSI bestimmten.

Kollaboration Für eine bedingungslose Kooperation mit den deutschen Besatzern standen in jedem Fall die zahlreichen Polizeiapparate, welche den Alltag in der RSI beherrschten. Sie wurden auch in dem von den Deutschen als ‹Bandenbekämpfung› bezeichneten Kampf gegen die antifaschistische Widerstandsbewegung eingesetzt. Ein besonders dunkles Kapitel der Kollaboration stellte die Hilfestellung faschistischer Polizeiapparate bei der Deportation der italienischen und der ausländischen Juden dar. Der republikanisch-faschistische Parteikongreß von Verona hatte hierzu grünes Licht gegeben, indem er am 14.11.1943 in einer Erklärung die Juden als Angehörige einer «feindlichen Nationalität» abgestempelt hatte. Dieser Freibrief für eine Judenverfolgung wurde am 30.11.1943 durch einen Erlaß des Innenministers Guido Buffarini-Guidi in die Praxis umgesetzt, der die Präfekten der RSI verpflichtete, «alle Juden in Konzentrationslagern der Provinzen» zu sammeln, von wo aus sie deutschen Kommandos übergeben werden sollten. Wie Liliana Picciotto Fargion in ihrem «Libro della memoria» dokumentiert hat, wurden aus Italien insgesamt 6746 Juden in die nationalsozialistischen Vernichtungslager deportiert, von denen nur 830 überlebt haben. Daß dies anteilmäßig immerhin weniger waren als vergleichsweise in anderen westeuropäischen Staaten, hing mit der spontanen Hilfeleistung vor allem katholischer Institutionen zusammen, die zahlreiche Juden in kircheneigenen Gebäuden gerettet haben.

Verbreiteter als die häufig ideologisch oder auch bloß durch Kopfgeldzahlungen motivierte Kollaboration bei der Verfolgung von Menschen jüdischer Herkunft war die Zusammenarbeit anderer gesellschaftlicher Gruppen, vor allem der Beamten, der Journalisten und der Unternehmer, aber auch des katholischen

Klerus, mit der deutschen Besatzung. Enzo Collotti hat ihr Verhalten als «eine Art von Doppelspiel» bezeichnet. Sie seien den Forderungen der deutschen Besatzungsmacht und der republikanisch-faschistischen Partei entgegengekommen, hätten jedoch in vielen Fällen stillschweigend auch die Widerstandsbewegung unterstützt. Man kann die Kollaboration daher in historischer Sicht nicht pauschal beurteilen, sondern muß jeweils den Einzelfall analysieren.

Resistenza   Während die verschiedenen Formen von Kollaboration mit der deutschen Besatzungsmacht erst neuerdings eingehender untersucht werden, steht die antifaschistische Widerstandsbewegung in Italien seit dem Ende des Faschismus im Fokus des allgemeinen Interesses. ‹Antifaschismus› (Antifascismo) und ‹Widerstand› (Resistenza) gaben der Republik Italien eine historische Legitimation, welche die 23 Jahre ‹bleierner Zeit› des Faschismus lange Zeit völlig überdeckte. Ohne Frage war es eine besondere historische Leistung, daß die Italiener die Befreiung vom Faschismus nicht allein alliierten Truppen, sondern auch eigenen Kraftanstrengungen zu verdanken hatten. Gleichwohl handelte es sich um eine ‹invention of tradition› (Hobsbawm), wenn die Resistenza in der Rückschau als breite Volksbewegung dargestellt worden ist. Der Widerstand gegen die faschistische Diktatur war ohne Frage ein Minderheitenphänomen, was freilich auch bedeutet, daß diejenigen, die daran wirklich teilgenommen haben, wegen ihres unzweifelhaft heroischen Engagements aus der Masse der Zeitgenossen besonders herausragten.

Nach dem Verbot aller Parteien außerhalb des Faschismus hatte sich die antifaschistische Opposition Anfang der dreißiger Jahre im Ausland, vor allem in Frankreich, neu formiert. Erst mit der sich abzeichnenden Krise des faschistischen Regimes konnte sie 1942 jedoch wirklich wieder aktiv werden. Der PCI wagte es, in Italien aus der Illegalität heraus das Parteiorgan «L'Unità» zu verbreiten. Verschiedene sozialistische Gruppierungen schlossen sich unter der Führung von Pietro Nenni, Giuseppe Saragat und Lelio Basso zum Partito Socialista di Unità

Proletaria (PSIUP) zusammen. Innerhalb des bürgerlichen Lagers formierte sich Ende 1942 der alte Partito Liberale Italiano (PLI) neu. Eine italienische Besonderheit war der Partito D'Azione (PDA), in dem die verschiedensten Richtungen der bürgerlichen Demokratie zusammenfanden. Einer ihrer Gründer, Ferruccio Parri, sollte 1945 den ersten freigewählten Ministerpräsidenten Italiens stellen. Die Partei wurde in starkem Maße von intellektuellen Zirkeln geprägt, sie war aber nach den Kommunisten die mit Abstand aktivste Organisation im bewaffneten Kampf gegen die deutsche Besatzung und die RSI. Außerdem entstand mit dem Partito della Democrazia del Lavoro eine laizistische bürgerliche Partei, die ihre Basis in der wiedererstarkenden Freimaurerei hatte. Von größter Bedeutung war es schließlich, daß einige der übriggebliebenen Kader des katholischen PPI zusammen mit jungen Führern der Katholischen Aktion (Azione Cattolica) im Oktober 1942 die Democrazia Cristiana (DC) gründeten, die Partei, die zwar beim bewaffneten Kampf der ‹Resistenza› nicht besonders hervortrat, die jedoch beim Übergang in die Republik die tragende politische Rolle spielen sollte.

Es ist offensichtlich, daß sich mit der Konstituierung dieser sechs politischen Gruppierungen schon das spätere Parteienspektrum des republikanischen Italiens abzeichnete. Zwar handelte es sich aufgrund der nach wie vor gegebenen polizeistaatlichen Bedingungen noch um keine wirklichen Parteien, sondern lediglich um im Untergrund operierende Personengruppen. Die Stunde der antifaschistischen Parteien schlug jedoch mit dem Waffenstillstand vom 8.9.1943. Schon am 9.9.1943 formierte sich in Rom das Zentralkomitee für nationale Befreiung (Comitato Centrale di Liberazione Nazionale / CCLN), in dem die sechs antifaschistischen Parteien repräsentiert waren. In Mailand konstituierte sich am 7.2.1944 für Oberitalien das Comitato di Liberazione Nazionale Alta Italia (CLNAI), das mit dem Erstarken der militärischen Widerstandsbewegung zunehmend an Bedeutung gewann.

Die militärische Bedeutung der Resistenza ist häufig überschätzt worden. Ihr bewaffneter Kampf ist die längste Zeit nicht über einen unkoordinierten Partisanenkrieg hinausgekommen, welcher der deutschen Besatzungsmacht nie wirklich gefährlich werden konnte. Erst in letzter Minute fanden die verschiedenen Widerstandsparteien zu gemeinsamer militärischer Aktion zusammen. Um der Resistenza historische Gerechtigkeit widerfahren zu lassen, muß allerdings berücksichtigt werden, daß sie nicht nur einen Kampf gegen die von der deutschen Besatzung ausgeübte Fremdherrschaft geführt hat, sondern daß dieser sich zugleich auch gegen die Diktatur der RSI richten mußte. In der italienischen Historiographie wird dieser doppelte Kampf meist in dem Begriff des ‹Nazifascismo› zusammengezogen, so als ob der Kampf gegen die Faschisten der RSI mit dem Befreiungskrieg gegen die nationalsozialistische Besatzung identisch gewesen sei. Jedoch war es die eigentliche historische Leistung der Resistenza, sich in einer doppelten Frontstellung sowohl gegen die deutsche Besatzung als auch gegen die RSI behauptet zu haben.

Es war das Dilemma der Resistenza, daß ihre militärischen Einzelerfolge von den deutschen Besatzern häufig mit furchtbaren Massakern an der Zivilbevölkerung beantwortet wurden. Die Waffen-SS und die Wehrmacht führten gegen die Partisanen einen unbarmherzigen Rachefeldzug. Geiselerschießungen, Strafaktionen gegen die Zivilbevölkerung und die Zerstörung ganzer Dörfer gehörten zu den von der deutschen Heeresführung unter Marschall Kesselring ausdrücklich gebilligten Methoden der ‹Bandenbekämpfung›. Da die Partisanen sich nach ihren Aktionen jeweils in die Berge zurückzogen, waren in der Regel nur Frauen, Kinder sowie alte und kranke Menschen die Opfer dieser Strafaktionen. Die Massaker an diesen unbeteiligten Zivilisten stellten bei den Zeitgenossen die Erfolge des bewaffneten Kampfes der Resistenza häufig in Frage, sie haben sich jedoch in das kollektive Gedächtnis der Italiener eingeschrieben und sind zu historischen Erinnerungsorten des Befreiungskampfes gegen den ‹Nazifascismo› geworden.

Es sind vor allem zwei deutsche Kriegsverbrechen, die besondere Symbolkraft entfaltet haben. Das eine fand zwischen dem 29.9. und dem 5.10.1944 im nördlichen Apennin in unmittelbarer Nähe von Bologna statt und ist in der historischen Erinnerung mit dem Namen der Ortschaft Marzabotto verbunden, obwohl wir heute wissen, daß es sich um einen ausgedehnten «Krieg gegen Zivilisten rund um den Monte Sole» (Luca Baldissara, Paolo Pezzino) handelte. Etwa 770 zivile Opfer waren das Ergebnis dieser von dem Major Walter Reder geführten militärischen ‹Säuberungsaktion›, die sich eigentlich gegen die in dem Gebiet operierende kommunistische Partisaneneinheit Stella Rossa richtete. Eine ähnliche Nachwirkung hatten die Geiselerschießungen von 335 Menschen in den römischen Fosse Ardeatine am 24.3.1944. Auch diese blutige Repressalie, die im persönlichen Auftrag Hitlers von einer SS-Einheit unter dem Kommando von Herbert Kappler durchgeführt wurde, war die Antwort auf eine Militäraktion der Resistenza, nämlich ein Attentat der kommunistischen Gruppi di Azione Patriotica (GAP) auf eine Kolonne von deutschen Polizeisoldaten in der römischen Via Rasella. Die Mordaktion hat sich vor allem auch deshalb in das kollektive Gedächtnis der Italiener eingeschrieben, weil unter den Opfern außer führenden Vertretern der Jüdischen Gemeinde Roms auch einige Mitglieder der neuformierten antifaschistischen Parteien waren.

Das Ende der RSI   Daß die RSI zwanzig Monate Bestand hatte und Italien so lange ein zweigeteiltes Land mit zwei einander feindlichen Regierungen war, ist in der Hauptsache mit der alliierten Kriegsstrategie zu erklären. Italien war für die Alliierten ein Nebenkriegsschauplatz, auf dem sie vergleichsweise geringe militärische Kräfte einsetzten; ihr Vormarsch nach Norden konnte schon allein deswegen nur langsam vorankommen. Die geographischen Gegebenheiten des zerklüfteten Apennins ermöglichten der Wehrmacht außerdem einen gestaffelten Rückzug von einer Verteidigungslinie zur nächsten. Nach der Landung der Alliierten bei Salerno am 9.9.1943 zog sie sich zunächst nur bis zur sogenannten Gustavlinie bei Monte Cassino zurück. Die Cassinofront konnte in blutigen Abwehrschlachten von Oktober 1943 bis Mai 1944 gehalten werden, erst nach der Landung alliierter Verbände bei Anzio mußte von den Deutschen am 4.6.1944 Rom und danach ganz Mittelitalien aufgegeben werden. Der alliierte Vormarsch kam jedoch im Herbst 1944 wenige

Kilometer vor Bologna an der sogenannten Gotenlinie (La Spe-
zia-Rimini) erneut zum Stillstand. Erst im Februar 1945 überschritten die alliierten Truppen den Po und erst im April befrei-
ten sie Mailand, ehe dann nach geheimen Verhandlungen die
Kapitulation der deutschen Truppen in Italien den Kämpfen in
Italien am 3.5.1945 ein Ende setzte.

Inzwischen hatte sich die RSI allmählich aufgelöst. Das CLNAI
hatte am 25.4.1945 vielerorts die Herrschaft in Oberitalien übernommen und im industriellen ‹Triangolo› zum Volksaufstand
aufgerufen. Der Tag gilt daher seit 1955 in Italien als «symbolischer Tag der Befreiung» (Mirco Dondi), auch wenn der Krieg
in Wahrheit noch eine Woche länger dauerte. Mussolini gab erst
zwei Tage später alles verloren und versuchte unter dem Schutz
einer deutschen Wehrmachtseinheit zusammen mit seiner Ge-
liebten Clara Petacci in die Schweiz zu entkommen. Er wurde
jedoch von einer Partisaneneinheit bei Dongo am Comer See ge-
fangengenommen und nach einer improvisierten Gerichtsver-
handlung zum Tode verurteilt und erschossen. Die Partisanen
wollten um jeden Preis verhindern, daß Mussolini in alliierte
Hände fiel. Sein Leichnam wurde zusammen mit dem Petaccis
und einiger Führer des republikanischen Faschismus auf der Mailänder Piazza Loreto öffentlich aufgehängt und dem allgemeinen Volkszorn ausgesetzt. «Il corpo del Duce» (Sergio Luzzatto)
verschwand danach für Jahrzehnte, ehe er überraschend in Mussolinis Familiengruft in seinem Geburtsort Predappio wieder
auftauchte.

Der Faschismus hatte jedoch, auch wenn er zuerst in der Partei des Movimento Sociale Italiano (MSI) und dann in der Al-
leanza Nazionale (AL) jahrzehntelang weiterlebte, in Italien als
solcher keine Chance zu einer politischen Wiedergeburt mehr.
Ob die Fusion der AL mit der als Forza Italia firmierenden Privat-
partei des Ministerpräsidenten Silvio Berlusconi zum sogenannten Popolo della libertà (Volk der Freiheit) im Februar 2008
die Existenz einer selbständigen postfaschistischen Partei von
nennenswerter Bedeutung endgültig beendete, bleibt abzuwarten.

VII. Der Faschismus in der kollektiven Erinnerung der Italiener

Mit dem Ende des Faschismus stellte sich in Italien die Frage, wie man mit dem bedrückenden Erbe einer 23 Jahre andauernden Diktaturvergangenheit umgehen sollte – besser gesagt, sie hätte sich eigentlich stellen sollen. Tatsächlich gab es jedoch in Italien seit 1945, von einzelnen Außenseitern in Wissenschaft und Gesellschaft abgesehen, jahrzehntelang keine wirklich inhaltliche Auseinandersetzung mit dem Faschismus. Statt dessen fand ein «Krieg der Erinnerung» (Filippo Focardi) statt, in dem die Geschichte zum politischen Argument verkam und historische Konstrukte an die Stelle von historischen Realitäten traten.

Zunächst war es zwar nur zu verständlich, daß die Italiener nach dem Zusammenbruch des Faschismus und der Befreiung von der unbarmherzigen deutschen Besatzungsherrschaft nichts mehr von einer Vergangenheit wissen wollten, in der sie durch das faschistische Gewaltregime von einem Krieg zum anderen getrieben worden waren. So gab es zwar unmittelbar nach Kriegsende spontane politische Säuberungen, Volkstribunale, Militärgerichte und Schwurgerichtsprozesse gegen Faschisten und Kollaborateure. Sehr rasch machte sich aufgrund der inneren Spannungen und der außenpolitischen Probleme jedoch in Italien eine Stimmung breit, die auf «Befriedung und Aussöhnung aller anständigen Italiener» (Palmiro Togliatti) zielte. Das Ergebnis war das politische Amnestiegesetz vom 22.6.1946, das die strafrechtliche «Abrechnung mit dem Faschismus» (Hans Woller) beendete.

Das Amnestiegesetz war die letzte gemeinsame politische Aktion der großen Koalition der Parteien, welche den Widerstand gegen den ‹Nazifaschismus› getragen hatten. Die Politik war seitdem durch eine im Zeichen des Kalten Krieges zunehmende politische Polarisierung gekennzeichnet, die 1947 mit dem Ausschluß der Kommunisten und Sozialisten aus der Regierung De Gasperis ihren ersten Höhepunkt erreichte. Nicht die reale faschistische Vergangenheit, sondern die vermeintliche kommunistische Bedrohung in der Gegenwart war bis Anfang der sechziger Jahre in Italien das beherrschende politische Thema.

Um aus ihrer politischen Isolierung herauszukommen, setzte die politische ‹Linke› schließlich darauf, über die Erinnerung an den Widerstand gegen den Faschismus unter Ausschluß der Neofaschisten zu einer Gemeinsamkeit mit der politischen ‹Rechten› zu kommen. Das stieß in der politischen Krise der sechziger Jahre tatsächlich bei der Democrazia Cristiana, die aus Gründen des politischen Machterhalts zunächst eine ‹Öffnung nach links› (Apertura alla sinistra) gegenüber dem von Pietro Nenni geführten Partito Socialista Italiano (PSI) und dann in den siebziger Jahren einen ‹Historischen Kompromiß› (Compromesso storico) mit dem Partito Comunista Italiano (PCI) anstrebte, auf Widerhall. Während die Einbindung der Sozialisten in eine Mitte-Links-Regierung (Centro sinistra) gelungen ist, kam eine Koalition mit den Kommunisten unter Enrico Berlinguer infolge der Ermordung Moros im Frühjahr 1978 zwar nicht zustande, auch die Kommunisten blieben jedoch seitdem in den Kreis der Verfassungsparteien einbezogen. Die geschichtspolitische Grundlage dafür bot die Gemeinsamkeit des Widerstandes gegen den Faschismus. Die ritualisierte Geschichte der ‹Resistenza› wurde damit zur Meistererzählung der italienischen Politik erhoben, die vor allem in zahlreichen staatlich alimentierten Resistenza-Instituten gepflegt wurde, aber auch für den Geschichtsunterricht an den Schulen verbindlich war. Die Geschichte des Faschismus wurde auf diese Weise gezielt auf die Geschichte des Antifaschismus reduziert.

Sowohl auf seiten der politischen ‹Linken› als auch der politischen ‹Rechten› lag dem eine erinnerungspolitische Vermeidungsstrategie zugrunde. Für die ‹Linke› konnte sich die Ära des Faschismus nur als eine Zeit der Ohnmacht und der politischen Niederlagen darstellen, welche die Erinnerung an die heroische Zeit der Resistenza verdunkelte. Die politische ‹Rechte› konnte kein Interesse an einer wissenschaftlichen Aufarbeitung der Geschichte des Faschismus haben, weil dabei nur die vielfältigen Formen der politischen, durchaus auch personellen Kontinuität vom Faschismus zur Republik Italien zutage treten konnten. Wenn auch aus unterschiedlichen Gründen, gab es daher in Italien eine Gemeinsamkeit des Desinteresses am Faschismus.

Es liegt auf der Hand, daß diese politisch bedingte Verweigerungshaltung von der zur historischen Kritik verpflichteten Geschichtswissenschaft auf die Dauer nicht durchgehalten werden konnte. Das wissenschaftliche Unbehagen entlud sich Mitte der siebziger Jahre und Anfang der neunziger Jahre jeweils in einem hochgradig politisch aufgeladenen ‹Historikerstreit›, an dessen Ende der künstlich aufgebaute Resistenza-Mythos weitgehend diskreditiert wurde, ohne daß jedoch der Faschismus dadurch in der historischen Erinnerungskultur Italiens wirklich schon einen Platz gefunden hätte.

Die erste Kontroverse über die faschistische Vergangenheit Italiens wurde durch den römischen Historiker Renzo De Felice ausgelöst. Zusammen mit einigen Gleichgesinnten wie Alberto Aquarone und Piero Melograni und gefolgt von einer großen Schar von Schülern ging er in den sechziger Jahren daran, den Faschismus zu historisieren. Wie seine monumentale Mussolini-Biographie zeigte, die zwischen 1965 und 1997 in acht Bänden von jeweils etwa 1000 Seiten erschienen ist, verstand De Felice darunter jedoch im wesentlichen nur die Erschließung und Anhäufung von Quellen. Die Biographie muß als ein riesiger Steinbruch von seitenlang zitierten historischen Quellen angesehen werden, aus dem man sich die Bausteine für eine wirklich kritische Sicht des Diktators zusammensuchen muß. De Felice wollte die Geschichte des Faschismus jedoch eigentlich in politischer Absicht schreiben und diesen so in die Normalität der italienischen Geschichte einordnen, daß die Resistenza ihre historische Legitimation verlieren würde. Weil seine revisionistischen Intentionen unter den Materialbergen seiner Mussolini-Biographie jedoch nicht mehr zu erkennen waren, suchte er mit polemischen Äußerungen politisch auf sich aufmerksam zu machen. Das erste Mal geschah dies in einem Interview mit einem amerikanischen Historiker, das im Juli 1975 unter dem Titel «Intervista sul fascismo» veröffentlicht wurde. Er setzte darin die Absicht Aldo Moros, einen ‹Historischen Kompromiß› mit der Kommunistischen Partei zu erzielen, mit den Versuchen der ‹Fiancheggiatori›, also der nationalkonservativen Führungsgruppen in den zwanziger Jahren, gleich, den Faschismus zu konstitutionalisieren. Zugleich hob er unter völliger Ausblendung des politischen Terrors den Konsenscharakter des faschistischen Regimes hervor. Und schließlich unterstellte er, daß der Faschismus für Italien eine modernisierende Wirkung gehabt habe und insofern kein Bruch, sondern eine Fortsetzung des liberalen Italiens gewesen sei.

Es kann nicht verwundern, daß er mit diesen Behauptungen auf seiten der antifaschistisch eingestellten Historiker der ‹Linken› einen Sturm der Entrüstung auslöste, während er bei der ‹Rechten›, vor allem auch bei den bis dahin politisch verfemten Neofaschisten große Begeisterung hervorrief. Das ‹Interview› wurde in über 100 000 Exemplaren verkauft, so gut wie alle bekannten Historiker Italiens äußerten sich dazu, ihre Stellungnahmen wurden wiederum in Broschüren gesammelt und veröffentlicht. Kurz vor seinem Tode legte De Felice dann 1995 mit dem politischen Pamphlet «Rosso e Nero» nochmals nach und stilisierte den späten Mussolini geradezu zum politischen Märtyrer, der sich mit der Italienischen Sozialrepublik geopfert habe, um die Italiener vor einem schlimmeren Schicksal unter der deutschen Besatzung zu bewahren. Hatten De Felices historiographische Gegner in den siebziger Jahren in dem öffentlichen ‹Historikerstreit› noch klar die Oberhand behalten, war ihr Widerstand in den neunziger Jahren deutlich erlahmt. Ihre allein auf den Befreiungskampf der Resistenza fokussierten Positionen waren inzwischen nämlich in den eigenen Reihen umstritten.

Zu dieser konzeptionellen Verunsicherung hatte 1991 der Historiker Claudio Pavone mit seinem Buch «Una guerra civile» entscheidend beigetragen, der es auf seiten der ‹Linken› als erster gewagt hatte, davon zu sprechen, daß die Resistenza nicht nur einen Befreiungskrieg gegen den ‹Nazifascismo›, sondern auch einen Bürgerkrieg gegen die Italiener in der Italienischen Sozialrepublik geführt habe. Daß damit nicht nur die Opfer, sondern auch die Nutznießer der deutschen Besatzung als Teil der italienischen Geschichte anerkannt wurden, rief innerhalb des Lagers der ‹linken› Historiker einen erbitterten Grundsatzstreit hervor, der ihre politisch motivierte Einheitsfront letzten Endes aufbrach und das hegemoniale antifaschistische Paradigma endgültig in Frage stellte.

Der Zusammenbruch des italienischen Parteiensystems in der Krise von 1991 und der dadurch ausgelöste politische Transformationsprozeß beschleunigten den historischen Paradigmenwechsel. Das kollektive Gedächtnis der Italiener wird seit Mitte der neunziger Jahre nicht mehr durch bipolare Geschichtskonstruktionen geprägt, sondern durch einen offeneren Diskurs. Das führte einerseits in den politischen Auseinandersetzungen zu beliebigen Instrumentalisierungen der Geschichte des Faschismus. Manche Erscheinungen in der Alltagskultur lassen sogar den Schluß zu, daß in Italien eine «Aufwertung des Faschismus» (Aram Mattioli) stattfindet. Andererseits hat die italienische Geschichtswissenschaft jedoch heute die Freiheit zu selbstkritischer Distanz gewonnen. Wurden früher wichtige Historiker wie Angelo Del Boca, Giorgio Rochat oder Enzo Collotti mit ihren kritischen Einsichten über den Faschismus in der Öffentlichkeit kaum gehört, so kann man heute an den Faschismusforschungen jüngerer Historiker wie Patrizia Dogliani, Nicola Labanca, Marco Palla, Sergio Luzzatto oder Filippo Focardi nicht mehr vorbeigehen. Die nationale Selbstreferenzialität, in der die italienische Faschismusforschung lange Zeit befangen war, weicht einer größeren Aufgeschlossenheit gegenüber komparatistischen Forschungsansätzen auch und gerade gegenüber dem Nationalsozialismus. Es bleibt abzuwarten, ob sich daraus angesichts der gegebenen politischen Verwerfungen des Landes eine unabhängige Wissenschaftskultur entwickeln kann.

Anhang

Zeittafel

29.7.1883	Geburt Benito Mussolinis in Predappio
23.3.1919	Gründung des ersten Fascio Italiano di Combattimento in Mailand
9.–10.10.1919	Erster Kongreß der faschistischen Bewegung in Mailand
16.11.1919	Erfolglose Teilnahme der Fasci an den Parlamentswahlen
15.5.1921	Wahl von 35 faschistischen Abgeordneten in das nationale Parlament über die ‹Blocchi nazionali›
7.–10.10.1921	Übergang vom faschistischen ‹Movimento› zum Partito Nazionale Fascista (PNF) auf dem zweiten Parteikongreß des Faschismus in Rom
28.10.1922	Marsch auf Rom
30.10.1922	Regierungsübernahme Benito Mussolinis
12.1.1923	Erste Sitzung des Gran Consiglio del Fascismo
1.2.1923	Gründung der Milizia Volontaria per la Sicurezza Nazionale
6.4.1924	Parlamentswahlen nach einem einseitigen Mehrheitswahlrecht
11.6.1924	Ermordung des sozialistischen Generalsekretärs Giacomo Matteotti
3.1.1925	Staatsstreich Mussolinis
12.2.1925	Ernennung Roberto Farinaccis zum Generalsekretär des PNF
2.10.1925	Gegenseitige Anerkennung des Unternehmerverbandes und der faschistischen Gewerkschaften durch den ‹Patto Vidoni›
24.12.1925	Gesetz über die ‹Attribuzioni e prerogative del capo del governo›
25.11.1926	Gesetz zur ‹Difesa dello Stato›
21.4.1927	Carta del Lavoro
11.2.1929	Lateranverträge mit dem Vatikan
24.3.1929	Plebiszitäre Parlamentswahlen
12.12.1931	Ernennung von Achille Starace zum Sekretär des PNF
2.10.1935	Militärischer Überfall Italiens auf das Kaiserreich Abessinien
18.12.1935	Giornata della fede
9.5.1936	Ausrufung des ‹Impero fascista› durch Mussolini
30.7.1936	Militärische Intervention Italiens in den spanischen Bürgerkrieg
1.11.1936	Ausrufung der ‹Achse Rom-Berlin› durch Mussolini
25.–29.9.1937	Staatsbesuch Mussolinis in Deutschland
6.11.1937	Beitritt Italiens zum deutsch-japanischen Antikominternpakt
2.–10.5.1938	Staatsbesuch Hitlers in Italien

14.7.1938	Manifesto degli scienziati razzisti
22.5.1939	Abschluß des ‹Stahlpaktes› mit Deutschland
10.6.1940	Kriegseintritt Italiens in Frankreich
28.10.1940	Militärischer Überfall Italiens auf Griechenland
5.8.1941	Kriegseintritt Italiens in der Sowjetunion
4.11.1942	Militärische Niederlage der Truppen der ‹Achse› bei El-Alamein in Ägypten
25.7.1943	Absetzung und Verhaftung Mussolinis durch König Viktor Emanuel III.
8.9.1943	Militärische Kapitulation Italiens durch die Regierung Pietro Badoglios
9.9.1943	Formierung des antifaschistischen Comitato Centrale di Liberazione Nazionale in Rom
15.9.1943	Ausrufung der Repubblica Sociale Italiana (RSI) durch den von den Deutschen befreiten Mussolini
14.11.1943	Gründungskongreß des Partito Fascista Repubblicano in Verona
8.–10.1.1944	Schauprozeß gegen die faschistischen ‹Verräter› des 25.7.1943 in Verona
24.3.1944	Geiselerschießungen in den römischen Fosse Ardeatine durch die SS
29.9.–5.10.44	Massaker von Marzabotto durch SS- und Wehrmachtseinheiten
25.4.1945	Volksaufstand in Oberitalien
27.4.1945	Erschießung Mussolinis in Dongo am Comer See durch antifaschistische Partisanen
3.5.1945	Kapitulation der deutschen Truppen in Oberitalien und Ende der RSI

Literaturverzeichnis

Es gibt eine kaum noch überschaubare wissenschaftliche Literatur zum italienischen Faschismus. Die ältere Literatur wird in der Bibliographie von Renzo De Felice, Bibliografia orientiva del fascismo, Rom 1991, aufgeführt. Eine laufende Dokumentation der wichtigsten Veröffentlichungen findet sich seit 1974 in den Bibliographischen Informationen zur neuesten Geschichte Italiens, die vom Deutschen Historischen Institut in Rom und der Arbeitsgemeinschaft für die neueste Geschichte Italiens herausgebracht werden (bis März 2009 bisher 129 Nummern). In der folgenden Auswahl werden überproportional viele deutsche Titel genannt, teils weil sie dem deutschsprachigen Interessenten eher zugänglich sind, teils aber auch, um zu demonstrieren, welche Breite die deutschsprachige Forschung zum italienischen Faschismus inzwischen immerhin erreicht hat. Veröffentlichungen zum allgemeinen Faschismusproblem werden nur aufgeführt, wenn sie wesentliche Erkenntnisse zur Geschichte des italienischen Faschismus enthalten.

I. Forschungsberichte und Interpretationen

Maurizio Bach, Die charismatischen Führerdiktaturen. Drittes Reich und italienischer Faschismus im Vergleich ihrer Herrschaftsstrukturen, Baden-Baden 1990; Richard J. B. Bosworth, The Italian Dictatorship. Problems and perspectives in the interpretation of Mussolini and fascism, London 1998; ders. Mussolini, London 2002; Richard J. B. Bosworth, Patrizia Dogliani, Italian Fascism. History, memory and representation, New York 1999; Costanzo Casucci (Hg.), Il fascismo. Antologia di scritti critici, Bologna 1982; Enzo Collotti, Fascismo, fascismi, Florenz 1989; Renzo De Felice (Hg.), Autobiografia del fascismo. Antologia di testi fascisti 1919–1945, Turin 2001; ders., Die Deutungen des Faschismus, Göttingen 1980; Der italienische Faschismus. Probleme und Forschungstendenzen, München 1983; Emilio Gentile, Fascismo. Storia e interpretazione, Rom/Bari 2002; Jader Jacobelli, Il fascismo e gli storici oggi, Rom/Bari 1988; Wolfgang Schieder, Faschistische Diktaturen. Studien zu Italien und Deutschland, Göttingen 2008; Petra Terhoeven (Hg.), Italien. Blicke. Neue Perspektiven der italienischen Geschichte, Göttingen 2010; Nicola Tranfaglia, Fascismo e modernizzazione in Europa, Turin 2001.

II. Gesamtdarstellungen, Sammelbände und Lexika

Richard J. B. Bosworth, Mussolini's Italy, London 2005; Enzo Collotti, Renato Sandri, Frediano Sessi (Hg.), Dizionario della Resistenza, Turin 2000; Ferdinando Cordova (Hg.), Uomini e volti del fascismo, Rom 1980; Renzo De Felice, Mussolini il rivoluzionario, Turin 1965; ders., Mussolini il fascista, 2 Bde., Turin 1966/68; ders., Mussolini il duce, 2 Bde., Turin 1974/81; ders., Mussolini l'alleato, 3 Bde., Turin 1990/97; Victoria De Grazia, Sergio Luzzatto (Hg.), Dizionario del fascismo, 2 Bde., Turin 2002/03; Angelo Del Boca, Massimo Legnani, Mario G. Rossi (Hg.), Il Regime fascista. Storia e storiografia, Rom/Bari 1995; Patrizia Dogliani, Il fascismo degli italiani. Una storia sociale, Turin 2008; Denis Mack Smith, Mussolini. Eine Biographie, München 1983; Brunello Mantelli, Kurze Geschichte des italienischen Faschismus, Berlin 1998; Pierre Milza, Serge Bernstein, Nicola Tranfaglia, Brunello Mantelli (Hg.), Dizionario dei fascismi, Mailand 2002; Ernst Nolte, Der Faschismus in seiner Epoche. Action Francaise, italienischer Faschismus, Nationalsozialismus, München 1963; Marco Palla (Hg.), Lo Stato fascista, Mailand 2001; Jens Petersen, Wolfgang Schieder (Hg.), Faschismus und Gesellschaft in Italien, Köln 1998; Giovanni Sabbatucci, Vittorio Vidotto (Hg.), Storia d'Italia. Guerre e fascismo 1914–1943, Rom/Bari 1998; Nicola Tranfaglia, La prima guerra mondiale ed il fascismo 1914–1939, Turin 1995.

III. Historische Voraussetzungen

Massimo Baioni, Risorgimento in Camicia Nera. Studi, Istituzioni, Musei nell'Italia Fascista, Turin 2006; Jon Cohen, Giovanni Federico, The Growth of the Italian Economy 1820–1960, Cambridge 2001; Franco Gaeta, La crisi di fine secolo e l'età Giolittiana, Mailand 1996; Emilio Gentile, La Grande Italia. Ascesa e declino del mito della nazione nel ventesimo secolo, Mailand 1997; Carlo Ghisalberti, Storia costituzionale d'Italia 1848/1948, Rom/Bari 1998; Mario Isenghi, I luoghi della memoria. Simboli e miti dell'Italia unita, Rom/Bari 1998; Mario Isenghi, Giorgio Rochat, La Grande Guerra 1914–1918, Florenz 2000; Raffaele Romanelli, L'Italia liberale 1861–1900, Bologna 1987.

IV. Der Faschismus als ‹Bewegung› 1919–1922

Giulia Albanese, La marcia su Roma, Rom/Bari 2006; Mimmo Franzinelli, Squadristi. Protagonisti e tecniche della violenza fascista 1919–1922, Mailand 2003; Emilio Gentile, Storia del partito fascista 1919–1922. Movimento e milizia, Rom/Bari 1989; Sven Reichardt, Faschistische Kampfbünde. Gewalt und Gemeinschaft im italienischen Squadrismus und in der deutschen SA, Köln 2002; Gianpasquale Santomassimo, La marcia su Roma, Florenz 2000; Hans Woller, Rom 28. Oktober 1922. Die faschistische Herausforderung, München 1999.

V. Der Weg in die faschistische Diktatur 1922–1929

Alberto Aquarone, L'organizzazione dello Stato totalitario, Turin 1965; Mauro Canali, Il delitto Matteotti. Affarismo e politica nel primo governo Mussolini, Bologna 1997; Matteo Di Figlia, Farinacci. Il radicalismo fascista al potere, Rom 2007; MacGregor Knox, To the threshold of Power, 1922/33. Origins and Dynamics of the Fascist and Nationalsocialist Dictatorships, Bd. 1, Cambridge 2007; Adrian Lyttelton, The Seizure of Power. Fascism in Italy 1919–1929, London 1973; John F. Pollard, The Vatican and Italian fascism 1929–32: a study in conflict, Cambridge 1985; Traute Rafalski, Italienischer Faschismus in der Weltwirtschaftskrise (1925–1936). Wirtschaft, Gesellschaft und Politik auf der Schwelle zur Moderne, Opladen 1984; Wolfgang Schieder (Hg.), Faschismus als soziale Bewegung, Göttingen 1983; Paolo Ungari, Alfredo Rocco e l'ideologia giuridica del fascismo, Brescia 1963.

VI. Das faschistische Diktaturregime 1929–1943

Asfa-Wossen Asserate, Aram Mattioli (Hg.), Der erste faschistische Vernichtungskrieg. Die italienische Aggression gegen Äthiopien 1935–1941, Köln 2006; Jürgen Charnitzki, Die Schulpolitik des faschistischen Regimes in Italien (1922–1943), Tübingen 1994; Simona Colarizi, L'opinione degli italiani sotto il regime, 1929–43, Rom/Bari 1991; Enzo Collotti, Il fascismo e gli ebrei in Italia, Rom/Bari 2003; John F. Coverdale, Italian intervention in the Spanish Civil War, Princeton 1975; Victoria De Grazia, How fascism ruled woman. Italy 1922–1945, Berkeley 1992; dies., Consenso e cultura di massa nell'Italia fascista, Rom/Bari 1981; Angelo del Boca (Hg.), I gas di Mussolini. Il fascismo e la guerra d'Etiopia, Rom 1996; ders., Gli Italiani in Africa Orientale, 4 Bde., Rom/Bari 1976/84; Loreto Di Nucci, Lo Stato-partito del fascismo. Genesi, evoluzione e crisi 1919–1943, Bologna 2009; Christof Dipper, Rainer Hudemann, Jens Petersen (Hg.), Faschismus und Faschismen im Vergleich. Wolfgang Schieder zum 60. Geburtstag, Vierow 1998; Costantino Di Sante, I crimini di guerra in Jugoslavia e i processi negati (1941–1951), Verona 2005; Mimmo Franzinelli, I tentacoli dell'OVRA. Agenti, collaboratori e vittime della politica fascista, Turin 1999; Carlo Galeotti, Achille Starace e il vademecum dello stile fascista, Rubbettino 2000; Emilio Gentile, La via italiana al totalitarismo. Il partito e lo Stato nel regime fascista, Rom 1995; Andrea Hoffend, Zwischen Kultur-Achse und Kulturkampf. Die Beziehungen zwischen ‹Drittem Reich› und faschistischem Italien in den Bereichen Medien, Kunst, Wissenschaft und Rassenfragen, Frankfurt 1998; Carl Ipsen, Dictating demography. The problem of population in fascist Italy, Berkeley 1992; Malte König, Kooperation als Machtkampf. Das faschistische Achsenbündnis Berlin-Rom im Krieg 1940/41, Köln 2007; Daniela Liebscher, Freude und Arbeit. Zur internationalen Freizeit- und Sozialpolitik des faschistischen Italien und des NS-Regime, Köln

2009; Luisa Mangoni, Interventismo di cultura. Intellettuali e riviste del fascismo, Bari 1974; Brunello Mantelli, «Camerati del lavoro». I lavoratori italiani emigrati nel terzo Reich nel periodo dell'Asse 1938–1943, Florenz 1992; Marie-Anne Matard-Bonucci, L'Italie fasciste et la pérsecution des juifs, Paris 2007; Aram Mattioli, Gerald Steinacher (Hg.), Für den Faschismus bauen. Architektur und Städtebau im Italien Mussolinis, Zürich 2009; Mario Missori, Gerarchie e statuti del P. N. F., Rom 1986; Alexander Nützenadel, Landwirtschaft, Staat und Autarkie. Agrarpolitik im faschistischen Italien (1922–1943), Tübingen 1997; Harald Oelrich, «Sportgeltung-Weltgeltung». Sport im Spannungsfeld der deutsch-italienischen Außenpolitik von 1918 bis 1945, Münster 2003; Jens Petersen, Hitler-Mussolini. Die Entstehung der Achse Berlin-Rom 1933–1936, Tübingen 1973; Paolo Pombeni, Demagogia e tirannide. Una studio sulla forma-partito del fascismo, Bologna 1984; Giorgio Rochat, Italo Balbo, Bologna 1988; ders., Le guerre italiane 1935–1943. Dall'impero d'etiopia alla disfatta, Turin 1995; Davide Rodogno, Il nuovo ordine mediterraneo. Le politiche di occupazione dell'Italia fascista in Europa (1940–1943), Turin 2003; Lidia Santarelli, Guerra e occupazione in Grecia 1940–1943, Bologna 2005; Gianpasquale Santomassimo, La terza via fascista. Il mito del corporativismo, Rom 2006; Michele Sarfatti, The Jews in Mussolini's Italy. From Equality to Persecution, Madison 2006; ders., Mussolini contro gli ebrei. Cronaca dell'elaborazione delle leggi del 1938, Turin 1994; Gabriele Schneider, Mussolini in Afrika. Die faschistische Rassenpolitik in den italienischen Kolonien 1936–1941, Köln 2000; Petra Terhoeven, Liebespfand fürs Vaterland. Krieg, Geschlecht und faschistische Nation in der italienischen Geld- und Eheringsammlung 1935/36, Tübingen 2003; Gabriele Turi, Il fascismo e il consenso degli intellettuali, Bologna 1980; Klaus Voigt, Zuflucht auf Widerruf. Exil in Italien 1933–1945, 2 Bde., Stuttgart 1989/93; Frauke Wildvang, Der Feind von nebenan. Judenverfolgung im faschistischen Italien 1936–1944, Köln 2008.

VII. Das Nachspiel der Italienischen Sozialrepublik 1943–1945

Elena Aga Rossi, Una nazione allo sbando. L'armistizio italiano dell'8 settembre, Bologna 1994; Luca Baldissara, Paolo Pezzino, Il massacro. Guerra ai civili a Monte Sole, Bologna 2009; Monica Fioravanzo, Mussolini e Hitler. La Repubblica sociale sotto il Terzo Reich, Rom 2009; Daniela Gagliani, Brigate Nere. Mussolini e la militazzione del partito fascista repubblicano, Turin 1999; Luigi Ganapini, La repubblica delle camicie nere. I combattenti, i politici, gli amministratori, i socializzatori, Mailand 1999; Gabriele Hammermann, Zwangsarbeit für den «Verbündeten». Die Arbeits- und Lebensbedingungen der italienischen Militärinternierten in Deutschland 1943–1945, Tübingen 2002; Lutz Klinkhammer, Zwischen Bündnis und Besatzung. Das nationalsozialistische Deutschland und die Republik von Salò 1943–1945, Tübingen 1993; ders., Stragi naziste in Italia. La guerra contro i civili (1943–44), Rom 1997; Aurelio Lepre, La storia della repubblica di Mussolini. Salò: il tempo dell'odio e della violenza, Mailand 1999; Kerstin von Lingen, Kesselrings letzte Schlacht. Vergangenheitspolitik zwischen Kriegsverbrecherprozessen und Wiederbewaffnung. Der Fall Kesselring, Paderborn 2004; Carlo Moos, Ausgrenzung, Internierung, Deportation. Antisemitismus und Gewalt im späten italienischen Faschismus (1938–1945), Zürich 2004; Gerhard Schreiber, Die italienischen Militärinternierten im deutschen Machtbereich 1943–1945, München 1990.

VIII. Der Faschismus in der kollektiven Erinnerung der Italiener

Enzo Collotti (Hg.), Fascismo e antifascismo. Rimozioni, revisioni, negazioni, Rom 2000; Christoph Cornelißen, Lutz Klinkhammer, Wolfgang Schwentker (Hg.), Erinnerungskulturen. Deutschland, Italien und Japan seit 1945, Frankfurt 2003; Renzo De Felice, Der Faschismus. Ein Interview von Michael A. Ledeen. Mit einem Nachwort von Jens Petersen, Stuttgart 1977; ders., Rosso e Nero. Mailand 1995; Filippo Focardi, La guerra della memoria. La Resistenza nel dibattito politico italiano dal 1945 a oggi, Rom/Bari 2005; Nicola Gallerano (Hg.), La Resistenza tra storia e memoria, Mailand 1999, Sergio Luzzatto, Il corpo del duce. Un cadavere tra immagine, storia e memoria, Turin 1998; Aram Mattioli, «Viva Mussolini». Die Aufwertung des Faschismus im Italien Berlusconis, Paderborn 2010; Claudio Pavone, Una guerra civile. Saggio storico sulla moralità nella Resistenza, Turin 1991; Liliana Picciotto Fargion, Il libro della memoria. Gli ebrei deportati dall'Italia (1943–1945), Mailand 1991; Joachim Staron, Deutsche Kriegsverbrechen und Resistenza. Geschichte und nationale Mythenbildung in Deutschland und Italien (1944–1999), Paderborn 2002.

Register

C.H.BECK ■ WISSEN

in der Beck'schen Reihe

Zuletzt erschienen: